A201

幸せになる家
不幸になる家

昆 佑賢
Yuken Kon

アルソス新書

ケース1　孤独死　60代　男性（本文15ページ）

玄関から室内を見たところ

足の踏み場のない床と乱雑なキッチン

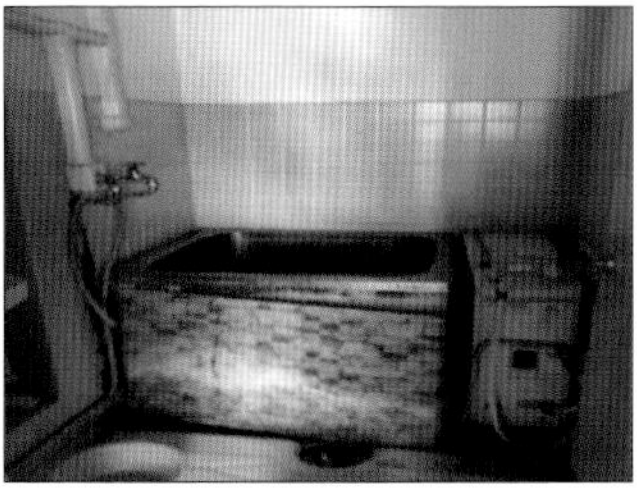

寒々しい雰囲気のお風呂場

トイレも何年も掃除をしていない

リフォーム後

建具を撤去し、 間仕切りを追加

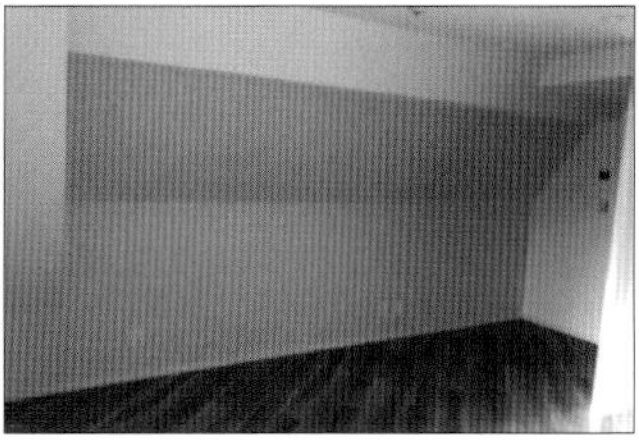

部屋の配色を暖色系で統一

直線をなるべく排し、曲線をつけて開放感を演出

ケース2　赤い部屋で孤独死　60代　男性（本文23ページ）

壁一面が赤く塗られた赤い部屋のドアをあけたところに防音室が

食欲を減退させるようなキッチン

リフォーム後

部屋の壁を淡くてやさしい色合いに変更

ユニットバスの壁もやわらかい雰囲気のペパーミントグリーンに

ニッチの例（本文141ページ）

ニッチには花などを飾るとよい

曲線の壁にさらにニッチをつくった例

ケース3　首吊り自殺　30代の奥さん　家族3人（本文28ページ）

風当たりの強い5階の角部屋

運気の上がる丸テーブルを使っていたのが唯一の救い

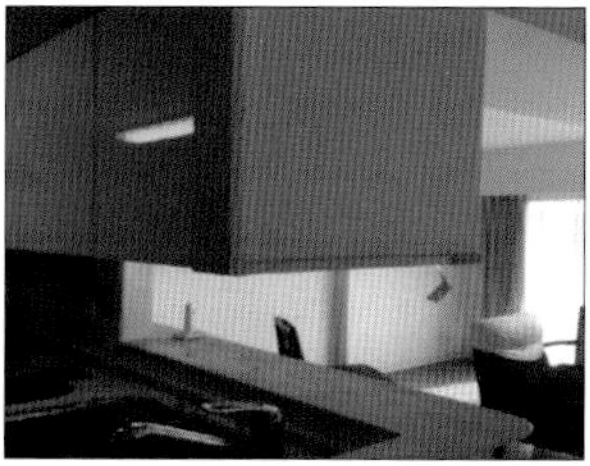

吊戸棚で視界が遮られ、圧迫感のあるキッチン

リフォーム後

元の吊戸棚を撤去し、解放感のあるキッチンへ

壁の一面全体をあたたかみのあるオレンジへ変更

窓のない洗面所は照明を多めに設置して明るく

1カ所だけだった廊下のライトも数を増やして、明るい雰囲気に

ケース4　角部屋で孤独死　70代　男性（本文32ページ）

部屋の南側の窓を開けるとトタン屋根の古い家の壁が

西側の窓からも古い家の壁が見える

T字路の突き当たりにあるという立地も運気を下げる

まったく収納のない部屋は、片付けをする気持ちを失わせる

リフォーム後

壁紙をオレンジに変え、明るい雰囲気に

クローゼットを設置して、収納スペースを確保

ユニットバスをトイレとシャワールームにわけ、壁紙もブラウン系に

ケース5　家庭内暴力の家（本文36ページ）

あまり気分が上がらないあずき色の外観

トイレも雑然とした雰囲気

玄関には工具など、物が散乱

リフォーム後

外観の色をあたたかみのある色にチェンジ

リビングの壁もベージュを基調にしたクリーム色に変えて明るい雰囲気に

天井にはダウンライトを設置してあたたかみをプラス

1. 書斎→前頭葉・左脳

書斎は前頭葉・左脳と対応している。書斎のない家に住むと、その家の主人の思考能力は高まらず、決断力のない人間になりやすい。

2. 子ども部屋→間脳

子どもの成長能力、意識、親子の愛と関わっている。

3. 玄関→大脳

門や玄関は人間の脳や顔に対応している。脳の中でも、特に大脳皮質との関係が強い。また、門や玄関は口や鼻から空気を取り入れることにも対応している。それため門や玄関がどのような状態にあるかは対外的な活動にも大きく影響する。

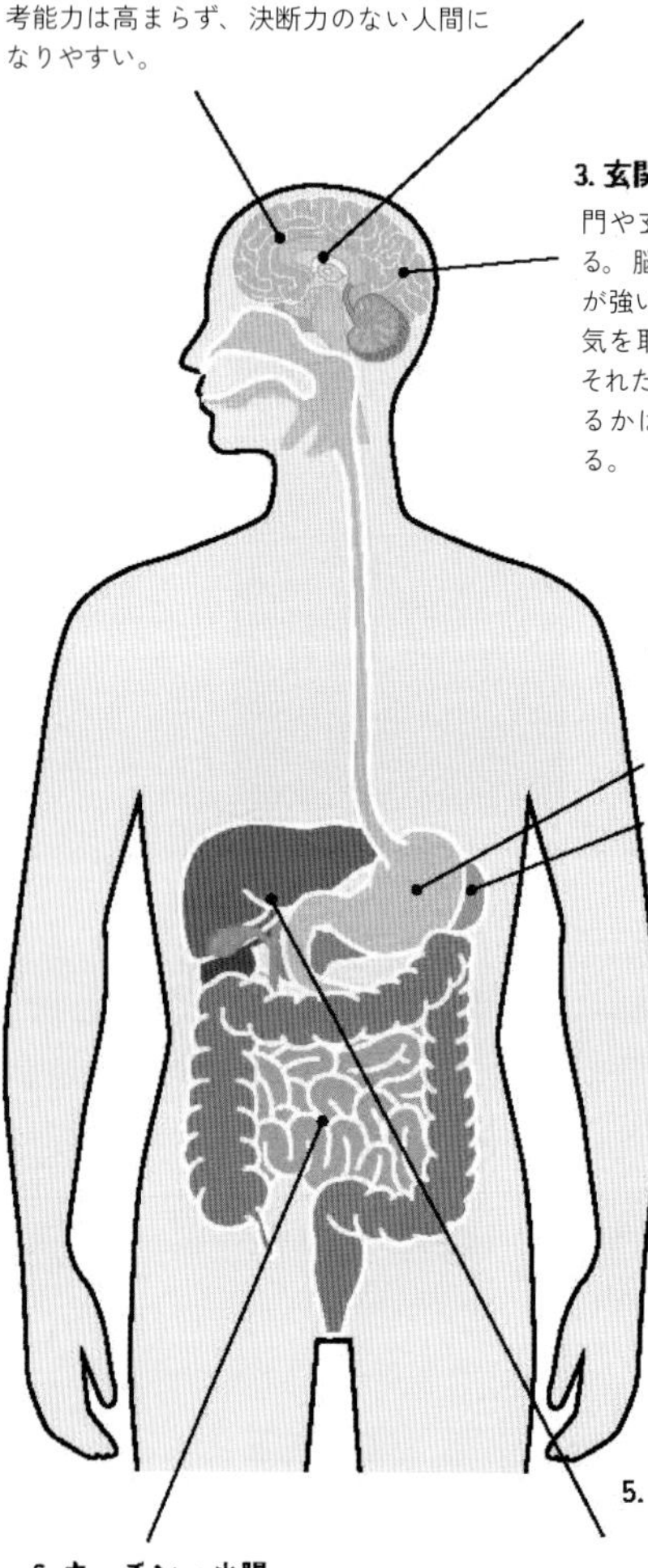

4. ダイニングルーム→胃・脾臓

ダイニングルームの配色を暖色系にすれば食欲は増進し、寒色系にすると抑制される。ダイニングルームが狭い家に住む人は胃痛が起きやすい。

5. リビングルーム→肝臓・胆のう

広くゆったりとしたリビングルームは疲れを癒やし、免疫力を高めるのに有効。

6. キッチン→小腸

キッチンは小腸に相当し、特にその家の主婦の心身に影響する。

身体各部と住居は対応している

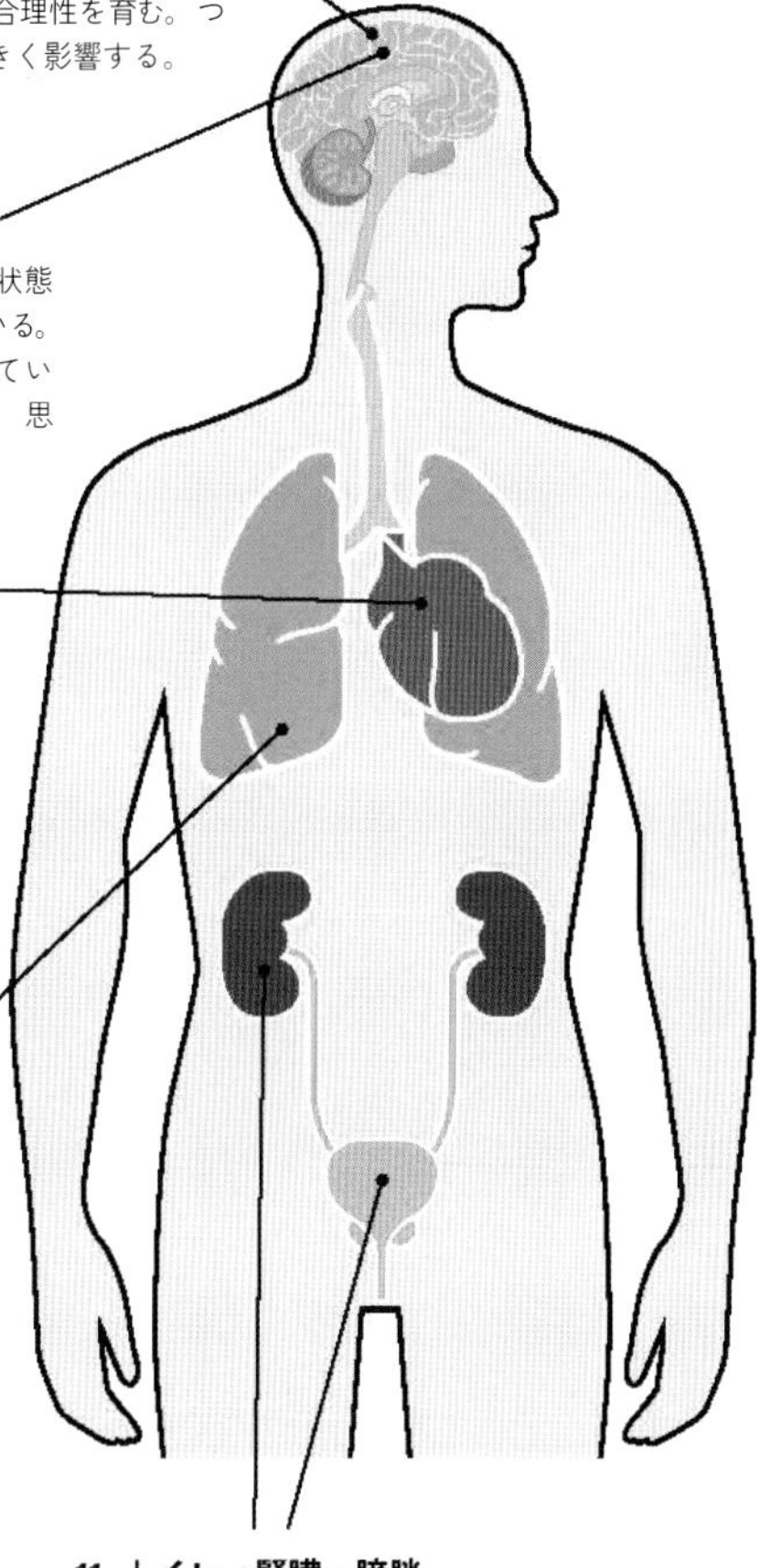

7. 住居のデザイン性→右脳

住居全体のデザイン性は右脳と対応している。デザイン性の高い家に住むことは、そこに住む人の向上心を高め、合理性を育む。つまり、居住者の精神性に大きく影響する。

8. 光、照明→右脳・第三脳室

部屋の種別にかかわらず照明の状態は右脳・第三脳室と対応している。つまり、知性や人間性と関係している。蛍光灯の光は電磁波も強く、思考能力を奪う可能性が強い。

9. 寝室、ベッド→心臓

寝室、特にベッドは心臓と対応している。つまり、寝室の状態は基本的な体力・気力に大きく影響を与える。

10. 天井の高低→肺

天井の高低は、肺・呼吸器に影響し、肺の機能が高ければ、脳の活動も高まる。天井の低い家に住む人は肺や呼吸器を圧迫され、脳も不活性化しやすい。

11. トイレ→腎臓・膀胱

トイレは腎臓と膀胱に影響する。トイレの生命場が低ければ、糖尿病や子宮筋腫などの循環器系・婦人科系、そして泌尿器系の病気にかかりやすい。

【住まいのチェックシート】

　あなたの住まいの健康度をチェックしてみましょう。以下の質問にいくつ当てはまるか数えてみましょう。

□　今の住まいに満足していない。
□　家に帰りたくないときがある。
□　家にいて外からの視線が気になることがある。
□　道路から玄関が見える。
□　家の中に圧迫感を感じる場所がある。
□　家の中で散らかっていてストレスを感じる場所がある。
□　床が固いまたは冷たいと感じている。
□　家具や食器棚がカビ臭い。
□　玄関に入るとすぐに階段がある。
□　玄関や廊下が薄暗い。
□　廊下や玄関は冬になると寒い。
□　リビングやダイニングの壁の色が白い。
□　リビングは家具が多くて狭い。
□　寝室で、外の騒音が気になって眠れないことがある。
□　家がＴ字路のどんつきにある。

当てはまる項目が……

0～5個

ほとんど問題のない住環境です。より快適な部屋づくりを目指しましょう。

6～10個

当てはまる項目を改善してみましょう。家が快適になってくるはずです。

11個以上

家もあなたもすでに健康を害している可能性が。今すぐできることから改善を。

『幸せになる家　不幸になる家』

はじめに

私は今まで、数多くの訳あり物件を扱ってきました。

訳あり物件とは、家の中で孤独死・自殺・他殺などがあったり、家族や近隣とのトラブルが絶えない不動産のことをいいます。

訳あり物件の中で、住人が孤独死や自殺によって亡くなられた部屋を実際に見ると、その多くが、「ゴミだらけで居住スペースがない」「家の中なのに冷たさを感じる」「とにかく寒い」といった家ばかりで、家が安らげる場所になっていないどころか、逆にストレスがたまってしまう場所になっているという共通点がありました。


実際に6階建てのマンションで首吊り自殺をしてしまった女性が住んでいた物件を扱ったことがあります。彼女はまだ30代で、夫と幼いお子さんの3人暮らしでした。はたから見れば幸せそうな家族に映っていたことでしょう。

「いったい、なぜ?」

私はそんな思いを胸に現場に向かったのです。

現場に着き、一歩部屋に入るとまず気になったのは、外に吹いている風の強さでした。角部屋だったその部屋は、とにかく年中風が吹きつけ、とても寒い部屋だったのです。

次に気になったのが、「キッチンの暗さ」でした。対面式キッチンだったのですが、シンクの真上の吊戸棚が張り出していたせいで、いつもキッチンは薄暗く、とても楽しい気分になれるような雰囲気ではなかったのです。

幼い子どもを抱えて、寒い部屋で過ごす。

その方は、子育て中だったのもあり、キッチンで過ごす時間も多かったと思います。知らないうちにじわりじわりと心を蝕まれ、ついには人生に疲れてしまったのかもしれません。


私は、このように多くの訳あり物件を見ていく中で、「家という存在が住んでいる人に何かしらの心のスイッチを押させるのだ」と強く感じました。このスイッチはプラスにもマイナスにも働くものです。

自殺に追い込んでしまうようなマイナスのスイッチを入れる家もあれば、帰ってきてくつろげる、いつも楽しい気分になるようなプラスのスイッチを入れる家もあります。

しかし、多くの人は「家がスイッチになる」ことや、住環境が自分自身に何らかの影響を与えていることなど知らずに生きています。


自己紹介が遅くなりました。はじめまして、私はアウトレット不動産株式会社代表の昆《こん》佑賢《ゆうけん》と申します。

冒頭にお伝えしたように、私は訳あり物件を多く取り扱う中で、「人生を悪くするのも、良くしていくのも家次第なのだ」とうすうす感じていました。

そしてその思いを決定づけたのが「建築医学」との出会いでした。

私が建築医学と出会ったのは２００８年４月に行われた、とある講演会でのことです。


「病は家から」とうたわれた講演会のタイトルに、「いったいどんな内容なんだろう?」と興味を持ち、参加したのです。当時、私はすでに20年以上不動産業界に携わっており、日々建売住宅の分譲に携わっていました。その中には、先のような事故物件もありました。「家が命と密接に関係していること」を、建売住宅の営業の中でもなんとかお客様にお伝えできないだろうか、そんなことを考えている時期でもあったのです。

そうしていざ建築医学の講演を聞いてみると、住宅が人間に与える影響がこんなにも大きいのだと改めて痛感させられたのです。私がこれまで抱いていた「住環境の重要性」をまさに建築医学は体系化していたのです。

建築医学の講演会を聞き終わった後、私は10冊以上の関連書籍を購入し、隅から隅まで読み込みました。その後、私は一般社団法人日本建築医学協会に入会し、2013年8月20日に理事にも就任しました。そして「自殺などが起こった訳あり物件を建築医学に沿って再生することで自殺者を減らすことができる。そして自殺者を減らすことで社会が良くなることに関わってみてはどうか?」という理事長からのアドバイスを受け2011年2月にアウトレット不動産株式会社を設立することとなりました。

日本建築医学協会での私の役割は、人が病んでしまうような悪い住環境を、建築医学によって良い住環境に変えるという考えを、実業を通して多くの人に知ってもらうことだと思っています。そしてそういう良い環境に住むことで、そこに住む人の人生をも変えることを証明していくことだと思っています。

現在、アウトレット不動産株式会社は、設立以来13年目を迎えました。これまでに建築医学の考えに基づき30～40軒のリフォーム、建て替えを行ってまいりましたが、家を購入した、あるいは借りられたお客様はみな幸せな人生を歩んでいらっしゃいます。

まさに、「家が人をつくり、人生をつくる」なのです。家が住む人の運命を決めるのだと実感しております。

本書によって、住居が人の暮らしに、そして人生にどんな影響を与えるのかをご理解いただき、読者のみなさまの住まいを、良い未来が感じられるような住環境に改善していくためにお役立ていただければ幸いです。

幸せになる家　不幸になる家　◎目次

はじめに　3

第1章　不動産会社は見た！　恐怖の実例集　15

家が家族にスイッチを入れる　15

ケース1　孤独死　60代　男性（口絵ｉページ）　15

ケース2　赤い部屋で孤独死　60代　男性（口絵ⅱページ）　23

ケース3　首吊り自殺　30代の奥さん　家族3人（口絵ⅲページ）　28

ケース4　角部屋で孤独死　70代　男性（口絵ⅳページ）　32

ケース5　家庭内暴力の家（口絵ｖページ）　36

建築医学は、「心を動かす」ひとつのきっかけ　43

第2章　こんな間取りや家は危険！　49

玄関を開けたら即キッチン！は心がすさむ原因に　50

ダイニングの正面にトイレがあると、食欲が減退する　54

寝室は心臓と対応している　58
脱衣場がないと、羞恥心のない子どもが育つ　61
ストレスがたまるワンルームという間取り　64
角部屋は事故物件が多い　70
三角形の土地は不幸まっしぐら　72
不幸を呼び込む旗竿地　76
寒い家は、安かろう悪かろう　81
高層マンションの高層階はリスクだらけ　86
6階以上は妊婦の流産率が高くなる！　90
マンションの低層階はカビに注意！　92
電磁波には危険がいっぱい　97
住む方角で性格が変わる　101
エレベーターと隣接している部屋は不調になる　107
玄関を開けたら階段、は親子間の断絶に　110
白い壁紙の部屋はキレやすい人間に　112

1階部分に部屋がない物件にも注意を 116

第3章 人を幸せにする建築医学とは

コロナ禍で家にいる時間が長くなった 121
「建築医学」という学問とは 121
家は、命の次に大事なものという認識を 125
健康にいい家は、色、形、照明、素材、間取りが大事 129
建築と健康との関係とは 134
カビ入り空気を毎日吸っている？ 162
出世も自殺も家次第――形態形成場理論 168
気をつけたい「目に見えない」影響 172
住宅を選ぶときのポイント 175
―コラム―
室内に角があると物を置きたくなる？ 180

183

おわりに 191

第1章　不動産会社は見た！　恐怖の実例集

家が家族にスイッチを入れる

「はじめに」でもお話ししましたが、私は今まで数多くの訳あり不動産を扱ってきました。住人が孤独死や自殺によって亡くなられた部屋の多くは、あたたかみに欠け、住んでいてもストレスがたまってしまうという共通点がありました。

本章では、いったい住居が人の暮らしに、そして人生にどんな影響を与えるのか。それを紐解いていきたいと思います。

ケース1　孤独死　60代　男性（**口絵iページ**）

私がこの部屋を訪れたのは、借主の方が亡くなってまだ部屋がそのままの状態のときでした。

大家さんにお住まいだった方の状況を聞くと、「日雇いの警備のお仕事をしていた一人暮らしの男性」で、ある日家賃の引き落としがされなくなったので訪ねてみたら亡くなられていた、とのことでした。私が訪ねていったときもさまざまな料金の督促状が郵便受けにたまっている状態でした。おそらく身寄りがなく、ほかにここを訪ねてくる人もいなかったのでしょう。大家さんから、「リフォームなどをするつもりがないので、今の状態で買い取ってほしい」ということで私は現地に出向いたのです。

一歩玄関に入ってびっくりしました。ごみが床に散乱し、まさに足の踏み場もない状態だったからです。

「この状態で寝起きし、食事をとっていたのか……」と思うとにわかには信じられない思いでいっぱいになったのです。

キッチン・ダイニングで4・5畳程度。続く奥の和室が6畳の1DKで北西角部屋という広めの部屋でしたが、窮屈そうに見えたのを覚えています。

角部屋は部屋が広く見えるため選ぶ人が多いですが、その半面、窓が多いため寒く結露しやすい、というデメリットもあるのです。

玄関やバルコニーには、ウイスキーの角瓶を入れたビニール袋が何十袋も置かれ、ビニール袋には茶色ともつかない液体が漏れ出し、お酒を楽しむというよりかは、体にアルコールをただただ流し込んでいたのではないか……、そんな様子がうかがえました。

続くお風呂も、ステンレス製の浴槽の浴槽エプロンが剥がれかけ傾いている状態でした。浴槽がステンレスでできているものは、疲れが取れにくいといわれ、事故物件になるものも多いように思います。

また、タイルも昔のお風呂にはよくあったブルー系で寒々しい印象を受けました。体をあたため、1日の疲れを取るお風呂がこのような状態では、疲れが取れるどころか入りたくもない、そんな気持ちだったのではないでしょうか。

お風呂の左側側面には配管がむき出しになっているのも気になりました。

本来であれば工事の段階で隠すものなのですが、この家はむき出しになっていたのです。配管が出ているお風呂も未だ存在していますが、基本的に隠すようになっているのは、こういう何でもないところで首を吊ってしまうこともあるからです。

たとえそんな気はなくてもそこを毎日見ることで、ふとしたきっかけで首を吊ることになる、そんな事故物件を数多く見てきました。配管そのものが、首を吊るスイッチになりえるのです。

トイレも衝撃的でした。もとはおそらく便座とフタを茶色に変えた白いトイレだったのでしょうが、経年劣化でここまで変色してしまったのです。黄色く変色している便器の内側は悪臭のもととなる尿の汚れに気づきにくくなりますし、茶色い便座も汚れに気づきにくいため悪臭の原因となってしまいます。

トイレでタバコを吸っていたからなのか、トイレ掃除を一切しなかったからなのかはわかりませんが、ここで毎日用を足していたのか……と疑いたくなるほどのありさまでした。

床も腐っていて足を入れたら抜け出せなくなってしまうような状態でした。

トイレの形状がそうなると、もはやペーパーをきちんと整えようという気も起こらなかったのでしょう。むき出しのまま置かれたトイレットペーパーに、「もう生活なんてどうでもいいや」という本人の投げやりな気持ちを見て取ることができました。

さらには、トイレの床にお酒用のロックアイスの袋が落ちていたのです。当たり前ですが、本来トイレは用を足すところであり飲食するところではありません。しかしこれだけ部屋が雑然としていると、もはや「食事をするところ」「用を足すところ」といった正常な判断能力すら失われてしまっていたのではないでしょうか。

つづく洗面台もまた、タイル張りが冷たくて寒い印象を与えるものでした。本来流しとして使用する部分にはタオルやスポンジなどが置かれ、ここで身支度を整えるような状態ではありませんでした。さらにこの物件は、バルコニーに洗濯機を置くタイプで、寒い中、もしくは暑い中で洗濯をしなければいけないストレスにもさらされていたと感じました。寒い中、洗濯をするために外に出なければいけなければ「洗濯はなるべくまとめてやってしまおう」「昼間できるときにしよう」という考えになり、次第に「面倒くさいから今度やろう」「もうやらなくてもいいか……」といった考えを加速させてしまうのかもしれません。

キッチンも同じく物が散乱し、さらにガスコンロの周りの壁には油汚れ等がこびりつき、およそ衛生的とはいえない状況でした。また、瞬間湯沸かし器の配線がむき出しとなっており、こういった部分からも心理的な圧迫を受けていた可能性が考えられます。

ダイニングもゴミが散乱し、およそくつろげる状態ではなく、照明のかさはズレて今にも落ちそうな状況でした。また、そこにはなぜか、ジーンズが脱いだときの状態のままに置かれていました。一番奥に和室があり、借主の方はここで寝起きと食事をしていたようです。和室の寝室にも多くの物とゴミが混在し、絶望感のようなものを感じ取りました。明るい未来を築けずに、アルコールを飲みながらそのまま死に向かっていく……。そんなことしか思い描けなかったのかもしれません。

私のリフォームの意思は建築医学のアドバイスに従って固まりました。以下のような点を意識して、リフォームを進めました。

前の家は、玄関を開けたら室内のすべてが見えてしまうつくりになっていました。お風呂場には脱衣所がなく、プライベートもつつぬけ状態だったのです。そこで、お風呂場は思い切ってバスタブを撤去し、シャワールームに変更。その分、脱衣所のスペースを設けました。そして間仕切りやドアを付けることで、寝室・ダイニングといった部屋の切り替えができるような形に変更しました。

そうすることで、住む人間もここは何をする部屋なのかという頭の切り替えができるようになるからです。また、トイレの扉を開けるとダイニングが丸見えの状況だったので、トイレの扉を脱衣室側に開くように変更しました。


壁紙は、無機質な(刺激のない)白一色をやめて、オレンジやイエロー(アイボリー)といった見た目にも脳にもおだやかな刺激を与える色を使いました。特にトイレでは緊張感なく過ごせるような色を意識しました。

キッチンは木目調の柄にチェンジ。あたたかみのある雰囲気を大切にしました。また、電球の色も白い蛍光灯色ではなく、オレンジがかった電球色に変更し「家はくつろげる場所」と認識できるような色調にしました。

また、以前収納として物が無造作に置かれていた下がり壁（天井から壁の中間くらいまでが斜めになっている壁のこと）のところは、収納を外しオレンジ色の壁紙にチェンジ。ここに小さなテーブルを置いて食事もできる形にしました。

このように「一面だけ色を変える」というのは、のちほど詳しくご説明する建築医学の世界では、よく取り入れられる方法のひとつです。

脳は刺激を得ることで活性化されるといわれているため、ここでは壁の色に変化を持たせています。

建築医学の世界では、自然界にあるものは基本的に「曲線」からなっており、直線は人工物である、というとらえ方をします。

そのため自然により即した形を保つことが、人間にとっても安らげる環境になる、という考え方のもとに、今回のリフォームでも、室内のあちこちにできるだけ曲線や丸みをつけるようにしました。

曲線を持たせた壁の裏側がキッチンになっており、部屋に入ると曲線が感じられる配置になっています。冷蔵庫が部屋に入ったときには見えないよう工夫しました。

さらに、フローリングも壁と平行に張るのではなくあえて斜めに張ることで、遊び心を演出。四角四面のかしこまった形にしなかったのは、脳に刺激を与え、「楽しい」というドーパミンを出させるためです。ドーパミンとはやる気や幸福感を感じるホルモン物質のこと。家の中でこうした感覚を持ってもらうよう意識しました。

このようにさまざまな工夫を凝らした結果、すぐに買い手が見つかりました。もともとここのマンションは梁があったり、部屋の間取りがいびつだったり難しい形状ではありました。しかしリフォームし明るい雰囲気に変えたことで、明るく、希望ある未来を描ける部屋へと生まれ変わったのです。

ケース2　赤い部屋で孤独死　60代　男性　**（口絵ⅱページ）**

次にご紹介するのは、廊下の突き当たりの角部屋の２ＤＫで孤独死された60代男性のお部屋です。

所帯数が少ない集合住宅だったこの建物は、２カ月に1回、住民で建物の周りをみんなで草むしりするようなコミュニティのある場所でした。

ある時、いつも参加される男性が来なかったので、「どうしたのかな」と思い住民の何名かが駆け付けたところ、室内で亡くなっていたといいます。

不動産業者から連絡をもらった私が行ってみると、いきなり目に飛び込んできたのが、壁一面が赤く塗られた部屋でした。

ドアも床も真っ赤に塗られた部屋。それに真っ青なじゅうたんが敷かれたダイニング。「防音室」として使用していた部屋は壁を真っ黒に塗って、天井と床だけが真っ赤という状態でした。ここには、オーディオが置いてあり音楽を楽しむための部屋だと私は推測しました。

寝室であろう隣の部屋はオーディオを梱包していた段ボール箱が山積みになっていたといいます。もしかしたらこの部屋は寝室として機能していなかったのかもしれません。

赤に、青に、黒。はっきりした色がお好きだったのかもしれませんが、この部屋の問題点は「色」にあったと考えられます。

男性は赤い部屋が寝室になってしまっていたといいますが、建築医学的に「赤色」は交感神経を高め、人の神経を活発にさせる色です。そのため、男性は夜寝ようと思っても熟睡したことはなかったのではないでしょうか。

それくらい、色は人の意識に働きかける作用を持っているのです。

一方「青」は、神経を鎮静させるようなおだやかさを醸し出す色です。キッチンは料理をつくり、体を健康に保つ役割がある場所。本来であれば食欲を刺激するような暖色系の色を持ってくるべきところです。それにもかかわらずこの部屋のキッチンは、食欲を減退させるような青を持ってきてしまっていたのです。青いキッチンはダイエットには良いですが、一般的には避けるべきでしょう。

毎日毎日キッチンに行っては「もう食べなくていいや」というような気持ちになっていったのかもしれません。

こうした「目的とは異なった配色をしている」家は意外と多くあります。いわゆる事故物件に行くと、目的とは違う色を、知らず知らずに設定していることが多いのです。

この部屋のリフォームを手掛けることになり、私がまず着手したのが室内の「全面的な色の変更」でした。

敷き詰められていた青いじゅうたんをとり、キッチンの床は木目調のやさしい雰囲気にチェンジ。

白い壁で殺風景だった浴室は薄いペパーミントグリーンに。ユニットバスはどうしても色が限られてしまうのですが、バスタブの色にはアイボリー系の色を選び、あたたかみのある雰囲気にしました。

黒かった壁はイエローにしました。私どもの建築ではよくこのイエローを用いていますが、イエローは建築医学的に「幸福感が上がる色」といわれ、住んでいる人が希望を持てるようになります。

室内を全体的に淡い色調で合わせ、体も神経も休めるような家に仕上げていきました。ちなみに建築医学でも、ビビットカラーのようなはっきりした色は基本的に住宅には使いません。

例外的にオレンジなどは、メリハリをあえてつけるために濃い色を使ったりすることもありますが、基本的には淡い色を使うことが多いのです。

すると、たまに以下のような質問を受けることがあります。

「それなら赤や青といったはっきりした色は使ってはいけないのですか？」

「自分の好きな色（黒など）は入れないほうがいいんですか？」

そんな時に、私はこう答えています。

「いえ、そんなことはありません。ただ、〝その部屋の目的に合わせた色を選ぶ〟ことを忘れないでください」

例えば、赤色は建築医学でもポイントで使うことがあります。私の家は1階にリビングがあって、2階にもファミリールームというリビングがある家なのですが、2階のファミリールームには「家族で会話を楽しむ」という目的で、赤い椅子が2つ置いてあります。

このように家具でその色を足すという方法もよいでしょう。

建築医学を知らなくても、自分の中で「希望が湧いてくるな」とか「あたたかみを感じるから使いたいな」という色があれば、「それをどこで使うか」考えたうえで取り入れることをおすすめします。

結果的にこちらの物件もすぐに買い手が見つかり、現在家主の方はおだやかに過ごされていると思います。

今回の物件は「色」のインパクトが強かったですが、色というのは面白いもので、無意識に自分の健康状態や心の状態から、特定の色を求めることもあります。

例えば赤は脳を刺激し、発奮させる色ですが、それを入れたい、ということは「元気になりたい」「発奮したい」といった深層心理が隠れている場合もあります。

また、体の状態からいうと婦人科系が弱い方は、赤い色を使うことで体があたたまり、生命力を高めるともいわれています。そのためそういった方には、「赤い色をワンポイントで使いましょう」と提案することもあります。インテリアグッズやクッションなどでこれらは代用できます。

逆に血圧が高い人は、赤い色はさらに血圧を高めてしまう効果があるので、ブルー系の色をすすめることもあります。

ケース3　首吊り自殺　30代の奥さん　家族3人（口絵ⅲページ）

続いては、「はじめに」でも紹介した30代で自殺された女性のマンションです。南向きの角部屋、4LDKのマンションで夫と幼いお子さんの3人で暮らしていました。

まだ幼いお子さんを残されての自殺。

私は不動産業者から連絡をもらい、現地を見せてもらいました。角部屋で広さのある間取り。最初に気になったのは、いびつな形でした。

三角形のような間取りも住んでしまえばそれほど気にならなくなりますが、やはり尖りがあると動線上に無理が生じてしまいます。そういったことが積み重なると、それがストレスとなることも大いに考えられます。

もうひとつ私が気になったのが、「寒さ」でした。6階建ての5階の角部屋だったこの部屋は、普段から風当たりが強く、換気口を開けるとキューッという音が鳴りやまないほど、常に「風」にさらされていたのです。そのせいもあって、換気口を確認するとホコリで真っ黒という状況でした。

窓を開ければ冷たい風が一気に入り込み、一段と寒さを感じます。

さらに問題だったのがこの家の北側にある日がまったく入らない部屋でした。照明器具は2ついているものの、それをつけても妙な暗さがあるのです。窓は廊下側に一つだけ。南側が収納になっていたことも関係していたかもしれません。聞くとこの部屋で自殺されたというのです。なるほど、この寒い部屋に立つと、自殺してしまいたくなる気持ちがわかるような気がしました。

キッチンは対面のタイプでしたが、ここでも「暗さ」が気になりました。天井から吊戸棚が設置されていることで圧迫感があり、なにか作業をしていても悲しさ、むなしさを感じるようなキッチンだったからです。キッチンもそれに隣接するダイニングも、くつろぐとか、家族との団らんの場所、という目的からは外れているなというのが私の印象でした。

といっても、こちらの家は悪いところばかりではありませんでした。

キッチンとは対照的にリビングは日当たりがよくて明るく、丸いテーブルが置かれていました。風水では丸テーブルは、運気がめぐり家庭内のコミュニケーションがとれるというアイテム。テーブルには観葉植物も置かれ、リビングで家族そろって食事をとっている風景も浮かんできました。

以上の点をふまえて、当社では、次のようなリフォームを行いました。

まず、大きく変わったのはキッチン部分です。圧迫感のあった吊戸棚を後ろに移動させ、元の吊戸棚は撤去。開放感とダイニングへと続く一体感を持たせました。また、壁紙もベージュ系をセレクトし、あたたかみのある雰囲気を醸し出しました。また、家族や人が集まるダイニングには、一面だけオレンジを入れ幸福感を感じられるようにしました。

窓のない洗面所は照明を多めにして、明るさを演出。玄関から続く廊下もなるべく明るくし、気分が落ち込まないよう視覚的にも明るい雰囲気を出すようにしました。

ちなみに、建築医学では長い廊下は良くないとされていますが、マンションはどうしても縦長の間取りのため、長い廊下ができやすいのです。

マンションに限らず、家には1個や2個、どうしても免れない欠点があります。実際、窓がない部屋を持つマンションも数多くあり、仮に窓があったとしても廊下側にしか窓がないケースもあります。

私はそういう間取りを決して頭から否定するわけではありません。しかし、ご家族で住むときにこういった間取りの家を選ぶのは「明るい未来」「希望にあふれる未来」などからは少しずれてしまうのではないかと感じてしまいます。

なるべくなら、変形した間取りは選ばないようにして、それが難しければ、「寒くて暗さのある間取り」があることを認識したうえで、これまでお話ししてきた「色」や「照明」の力を借りて、家全体を住みやすくあたたかなものにすることが大切です。

ご自身でできるところから「住みやすい住宅づくり」をすすめています。

ケース4　角部屋で孤独死　70代　男性（口絵ⅳページ）

次の物件も角部屋で、70代で孤独死された男性のお宅です。

この物件はワンルームが主体で、亡くなられた男性同様、隣の方も高齢者ということで、お互い声を掛け合って生活されてきたそうです。あるとき、新聞がたまっているのを発見し、管理会社に連絡したところ、死亡が確認されました。

亡くなられてから2日が経っていたそうです。さらに詳しく話を聞くと、どうやら体調が悪くなり、苦しくなって助けを求めて玄関までたどりついたものの力つきた、という状況だったようです。

こちらの家でまず気になったのが「景観の悪さ」でした。

南側にあるバルコニーから、トタン屋根の錆びた古い家が見えるのです。さらに西側の窓からもまるで昭和初期のような古く錆びたトタン屋根が見える、そんな状態だったのです。毎日、今の時代とは違う、日本全体が貧しかった頃のような景観を眺めていると、「明日への希望や活力」が失われていき、「人生なんてもうどうでもいいや」と思ってしまう人もいるのだろう、と思いました。

こういった視覚情報は脳に1秒間に1000万ビットという膨大な単位の情報として送られ、脳の無意識層にマイナス情報を送り続けると考えられています。

そういう意味でも、「景観の悪い物件は選ばない」、選んだ場合は「カーテンをかける」「気持ちのいい絵を飾る」などで対応する必要があるでしょう。

また立地の悪さも気になりました。T字路の突き当たりにこの物件があり、道が狭く駐車できない、という場所でした。こういったいわゆる「どん突き」の物件は、空気やエネルギーが滞留し、よどんだ雰囲気になりやすいといわれています。

不動産業者に促され中に入ると、室内のカビ臭さが鼻につきました。辺りを見回すと洗濯機置き場の壁にはびっしりと黒カビが生えている状態だったのです。おそらくほかの場所の壁でも、見えていない場所も含め至る所にカビが生えていることが予想できました。
その原因は、土地柄の強い湿気と、角部屋で温度差ができることでの結露にあるのではないかと推測できました。角部屋は、窓が多い分だけ結露する量も増え、その分カビも多くなると予測します。実際、西側の部屋の窓の下も、壁紙が剥がれるくらいの湿気が確認できました。カビを毎日吸い続けていたことで、健康面にも悪影響があったのではないでしょうか。

もうひとつ気になったのが家の中の収納のなさでした。なんと収納がまったくないのです。物をしまう場所がないため、おそらくすべての物が出しっぱなしになり「片付けよう」という意欲すら奪われてしまったのでしょう。

そこで当社では、次の点を意識してリフォームしました。
白い壁をオレンジの壁紙に変更し、気持ちが明るくなりくつろげるような空間を目指しました。室内のスペース上、曲線をつくることはできませんでしたが角を丸くするなどの面取りを行い、全体的に丸みを感じるように配慮しました。

よくビジネスホテルにあるような三点ユニットバスが設置されていた部分は、シャワールームとトイレに分け、ブラウン・ベージュ系の落ち着く色を配し、くつろげる雰囲気を出しました。

浴室のスペースの問題で、バスタブを入れることはできませんでしたが、トイレとシャワールームを分けたことで、多少のプライベートゾーンを確保することができました。脱衣室としても使うことができるので、廊下で服を脱ぎ着する行為はなくなります。

さらに部屋は狭くなってしまいますが、収納スペースとしてクローゼットを新たに設置し「出しっぱなし」「置きっぱなし」を防ぐ部屋になりました。

このようなリフォームをしたところ、思わぬ変化に気づきました。

以前はあれほど気になっていた景観がそれほど気にならなくなったのです。これはいい意味で視覚情報に勘違いが起こった結果でした。

現場写真を撮影しに行ってくれた女性スタッフも、「以前は景観の悪さにフォーカスしていたけど、リフォーム後は室内のきれいさにフォーカスした写真ばかり撮影してしまいました」と笑っていたほどです。

こちらの物件も男性の方が気に入ってくださりすぐに借り手が決まりました。

今回の物件はT字路の突き当たりにあり古い建物に囲まれた物件でしたが、景観の中でも注意したいものがあります。

例えばお墓や大きな病院といった建物です。朝、さあこれから出勤というときに、こういった建物があってテンションが上がるか、というとそんなことはないと思います。そういう意味で物件を選ぶ際は自分の目に入るもの、とりわけ周囲の景観にも気を配ることをおすすめします。

ケース5　家庭内暴力の家（口絵vページ）

最後にご紹介するのが、お子さんの家庭内暴力で苦しんでいたという建売住宅のお宅です。

不動産業者から「この物件を持ち主さんが売りたいと言っているが、買い取ってくれるところはないか」という相談を受けて私が話を聞いてみると、この家に住むお子さんがさまざまな問題行動を起こしていることがわかったのです。さらには「家庭内暴力など問題行動を起こしているお子さんが、家を出ない状態だけれど、購入してくれる方」という変わった条件だったのです。

「それならうちで購入します」というのが経緯でした。

夫・妻・お子さん2人という4人家族だったようですが、私がお話を伺ったときには夫は別居していて寄り付かない、そんな状況でした。

訪れたときまず気になったのが、あずき色をした外観でした。暗いとまではいえない色ですが、気持ちが上がる色、という感じではありませんでした。どうやらこの系統の色は奥様が好きだったらしく、中に入ると部屋のカーテンにもワインレッド色があしらわれていたのです。

玄関に入った途端、鼻を衝くような臭いがしました。あたりを見回すと玄関左にある収納庫には、バイク修理に使うオイルが無造作に置かれており、そこから強烈なオイルの臭いがしていたのです。

悪い臭いは脳の前頭葉を壊すといわれています。おそらく、このような臭いをかぎ続けたことで家族全員がいつもイライラする状態に置かれていたのでしょう。それを裏付けるように、玄関には靴が散乱し、傘立ての周囲には入りきらなかった傘が散在しているなど、玄関から雑然とした空気を感じました。

この物件は、事故物件ではありませんが、たいてい問題が起こる家には廊下や階段に物が置いてあるという特徴があります。

続くリビングには部屋の中央にソファが置かれていました。入り口から見ると、そこにいる人が背を向けている配置だったのです。建築医学的に言えば「来ないでくれ」と、人を拒否している状況だといえます。

もし、ここで目が合ったり対面するような配置であれば、親子の会話があったのかもしれません。しかし、このような状況では存在を確認することもできませんし、見ようによっては相手を無視しているようにもとらえることができます。

さらにこの家は玄関を入ってすぐのところに、子ども部屋のある2階へと続く階段が設置されていました。
親の顔を見ずに玄関から子どもが自分の部屋に直行できるつくりでは、親側としては子どもがどんな状況なのかも、どんな表情をしているのかもわからなくなっていたのではないか、と想像できます。こういった小さなことから徐々に家族関係は悪くなっていくものです。

トイレも見せていただきましたが、替え芯が散らばりとても落ち着けるような状況ではありませんでした。

さらには、お子さんと会話によるコミュニケーションが取れなかったのでしょう。家のあちこちに殴り書きのようなメモもありました。
「君の家じゃない、物を置くな」というメッセージを見ながらキッチンへ移動すると、冷蔵庫はボコボコにへこみ、壁にもパンチで開いたような穴があり、私はご家族の心の乱れを肌で感じたのです。

1階全体には、花も絵もなく殺風景なさみしい空間が広がっていました。ペットがいたようで、1階にはケージもありましたが臭いがこもり、ここでも良いイメージは受けなかったように記憶しています。

2階に向かうと、廊下には無造作に物が置かれていました。主寝室にも、またお子さんの部屋にも鍵がつけられており、家族なのにまったく信頼関係が築かれていないという何ともいえない冷たさを感じました。

立地は、南道路の角地の物件で日当たりがよいところでしたが、ひとつ難点だったのは道路の高さと敷地の高さがフラットだったことです。フラットだとどうしても日中は外からの視線や通行する車のことが気になります。

そのため、ここのご家族はリビングで過ごす際も1日中窓をカーテンで覆っていたのではないでしょうか。いくら日当たりがよかったとしてもこれでは住む人にとって良い環境とはいえません。ちなみに建築医学でもリビングの明るさは特に重要だとしています。

また、この家の外には、角から出てくる車のためにミラーが設置されており、抜け道に隣接している土地のため交通量が多かったことが予想できます。おそらく、こうした交通量の多さも、この家の住人にとっては、ストレスになったのではないかと推測できました。間取り的にこうせざるを得なかったのか、玄関が奥まったところにあり暗い感じがすることも気になりました。

そこで当社では、次の点を意識してリフォームを行いました。

まず、家全体を覆っている暗い雰囲気を払拭すべく、外観の色をベージュ系の色に変更しました。バルコニーのレンガは手を加えていないのに、外観の色を変えただけで、落ち着きのある家に生まれ変わりました。

リビングの壁紙も、ベージュを基調にしたクリーム色に変え、そこに明るく差し込む光によっては黄色みのあるあたたかさを感じさせる部屋になりました。

お子さんが使っていた部屋のひとつは、薄いグリーンとベージュに変え、さわやかな雰囲気を感じてもらえる色調にしました。床の色も、以前は濃い色のブラウンで重たい印象でしたが、リフォーム後はライトブラウンのような明るく見える床に変更しました。

圧迫感を与えていた照明をすべて撤去し、ダウンライトに変更しました。天井をスッキリさせたことで、開放感ももたらしました。

ダウンライトには調光の機能も付け、寝室では光を絞ることで眠りやすくする、といったこともできるようにしました。

このようなリフォームを行った結果、早めにお客様がつき売却することができたのです。最終的にはお子さんにも退去いただくことで話がまとまりました。

こちらのご家族のその後のお話です。問題行動を起こしたお子さんは、社会に出ていったんは働いたもののたびたび問題を起こし、ついには働くことができず亡くなったと聞いています。また、奥様ともう一人のお子さんが住んでいるアパートに一度訪ねていったのですが、幹線道路沿いの騒音がするアパートで、良い住宅環境とはいえないような状況でした。

このような状況が必ずしも「家のせいだけ」とは思いません。しかし、毎日暮らす環境が悪ければ、やはり必然的に悪い結果を未来で受け取ることになるのではないでしょうか。

ここまで、さまざまな家をご紹介してきましたが、改めて住環境が人間にもたらす影響を実感していただけたのではないかと思います。

人生をより良いものにしたいと考えるならば、まずは住環境から見直してみることがとても重要なのです。

建築医学は、「心を動かす」ひとつのきっかけ

お客様から「事故物件だということが気にならないくらい、素敵なお部屋ですね」とお褒めの言葉をいただくことがあります。

そうやって喜んでいただくことは何よりもうれしいことです。私が長年取り組んできた建築医学を取り入れた住宅には、「心を動かす」仕掛けがたくさんあるのです。

人の五感を通して脳に入ってくる情報伝達の中で、突出しているのが「視覚」から

の情報です。鼻や耳が1秒間に10万ビットであるのに対し、視覚情報はじつに1秒間に1000万ビットの情報を日々受け取っています。

そう考えてみると、私たちはきれいなもの、素敵なものを普段から見ていれば、おのずと「心もプラスの方向に動く」といえるのではないでしょうか。

当社の物件では、女性が購入するケースが多いのですが、それは女性のほうが「きれいなもの」「素敵なもの」に対する感度が高い傾向があるからではないでしょうか。そういった面から考えても、建築医学でつくる住宅は「心が動く」住宅といっていいでしょう。

建築医学では、「とにかく心と脳に影響があるものすべてに配慮しなさい」といわれます。ですから私も事故物件をリフォームする際には、心地よい空気、色、音、手触りなどそういったところにも意識して、より「心地よい」空間をつくることに最善を尽くしています。

しかし、中には「心地よい状態がわからない」「自分の気分を上げるものがわからない」といった方もいらっしゃいます。これはずっと悪い状態に慣れてしまったことで、自分が本当に心地よいという状態を見失ってしまう、いわば「心がマヒした状態」です。

「そんなこと、本当にあるの？」と思いがちですが、人間は慣れるのが上手な生き物です。例えば、ペットを飼っているご家庭で「自分のうちのペットの臭いはわからない」という方は多いのではないでしょうか。

このように、人間の感覚は良くも悪くも環境に適応するようになっているのです。そして、なにより大切なのは「自分の心地よさとはどんな感覚かを知っておく」ことでしょう。好きな色、落ち着く色、癒やされる音、臭いなど、自分の感覚をフル稼働して「自分が心地いいと思うもの」を知っておくことは住宅環境を整えるうえでもとても大切です。

そのためには感覚機能が正常に働いていなければなりません。

しかし、多くの現代人は自然からは遠のき、便利な環境に囲まれています。いわば感覚機能がマヒしがちな環境に生きているのです。

そのマヒした感覚を取り戻すためにも、個人的な意見ですが、感覚機能が正常に働く状態にすることが大切だと考えています。「心地よさ」を見つけに行く前にそちらが先決です。

例えば、朝は朝日を浴びに外に出て新鮮な空気を吸ってみる。川や海、森などの自然に触れて感覚を研ぎ澄ますことも効果的でしょう。

それができたら次は、自分が住んでいる場所から少し離れた場所に出かけて、見慣れない景色を見てみるとよいでしょう。脳に刺激を与えるのです。

時間に余裕があれば、リゾート地のようなところに出かけて行って、心地よさそうなホテルや旅館に泊まってみるのもよいと思います。

そうやって自分の中に「いい環境」をインプットしていくことで自然と自分の中に「あ、これは好き」「これはあまり好きじゃない」という判断軸ができてくるはずです。それを持ち帰り自分の家で実践してみればいいのです。


それができれば、いざ自分が物件を選ぶ段になって、不動産会社がいくら「良い物件だから」とすすめてきたとしても、「ここは何となく嫌だからやめよう」とか「この雰囲気がいいからここにしよう」というように、自分の感覚機能を総動員させて、自分に合った物件を選ぶことができるのです。

メーカーがいいとか、建売が悪いといった世間の意見ではなく「自分がどうしたいか」という自分の気持ちを知ることが物件選び、ひいてはより良い住環境につながっていくと思います。

コロナ禍で家にいる時間が増えた方もいらっしゃると思います。いい環境に住んでいればいい影響を受けますが、逆に悪い環境に住んでいる人はさらに悪影響を受けるでしょう。そうなれば、人体に悪いことが起こる可能性も高くなります。ぜひこれを機会に感覚を研ぎ澄まし、さらには「自分にとって良い住環境とは何か」を改めて考えていただけたらと思います。

第2章　こんな間取りや家は危険！

コロナ禍により、注目されるようになった「おうち時間」。リモートワークも珍しいことではなくなり、家は住まうだけでなく働く場所として使われることも多くなりました。

人が家にいる時間は、少し前に比べて格段に長くなり、その分、家が人に与える影響もより大きく、強くなったのではないかと感じます。

だからこそ、ご自身が住む家については今まで以上に意識を向けてほしい。繰り返しになりますが、私はそう強く願ってやみません。

第1章では実例をご紹介しましたが、本章ではさらにそれを深掘りして、私がこれまでの経験から得た知識､学んできた健康医学を通して「これだけはできるなら避けてほしい」という間取りや家の構造などを詳しくご紹介していきたいと思います。

玄関を開けたら即キッチン！は心がすさむ原因に

建築医学では、家とは1日働いた体や心、脳を休めて癒やす場所であり、「くつろげる住宅をつくる」ことがひとつの軸となっています。では「くつろげる家」とはどんな家かというと、リゾート地にあるホテルやコテージのような家だと建築医学は定義しています。

青い海や緑の山々、自然に囲まれ、澄んだ空気はおいしく、きらめく日差しはまぶしくあたたかい。ホテルに戻れば、掃除が行き届いたリビングに、美しくベッドメイキングされた寝室……。

いずれにしても、その環境に身を置く間は、日常のいざこざからいったん離れ、心地よくなったり、安心できたり、仕事や人間関係の疲れも吹き飛んでいきます。

家とは、そんな環境が理想的なのではないかと思うのです。

では、リゾートと真逆のものとは何でしょう。

それは「生活感」だと私は考えています。

もちろん家は、日々の生活を営む場所ですから、生活感をまったくゼロにはできません。

しかし、訳あり物件を含め多くの家を見てきた私からすれば、ご自身やご家族の健康、幸せのためには、可能な限り「家のリゾート化」を意識してほしいと思うのです。それほど住宅の中にあふれる生活感は、そこに住まう人、ご家族に大きな影響を与えることを知っているからです。


例えば、「玄関を開けるとすぐキッチンがある」という間取りは心をすさませます。

ワンルームマンションやアパートなどによく見られますが、これは建築医学において、おすすめできない間取りといってよいでしょう。


玄関は、家に出入りするためご家族が毎日必ず通るところです。建築医学においては家の「顔」や「脳」であり、「気の入り口」でもある、とても重要な場所なのです。

しかし、そこにいきなりキッチンがあるとどうでしょうか。

扉を開いた瞬間、目に飛び込んでくるのはガスコンロや水道、鍋やフライパンといったまさに生活感そのものともいえる景色。前日の料理の残り香や油臭といった、生活の臭いも押し寄せてきます。

「急いでごはんをつくらなくちゃ……」「あ、洗い物がシンクにそのままだった……」「今月の食費は足りるだろうか?」など、頭の中は一気に生活のことに支配されてしまいます。

これではホッとくつろぐどころか、玄関に入るたびにさらにドッと疲れて心も体も休まりません。しかもそれが毎日のことですから、疲労やストレスはだんだんと積み重なっていきます。

実は、お子さんの非行や犯罪が起きるご家庭は、往々にしてこうした間取りのアパートなどに住まわれている傾向が強いのです。家に帰っても心からくつろげない家は、大人はもちろん、子どもにも悪い影響を与えてしまうのです。大切なのは、そうした間取りの違和感、悪影響に早く気がつき、改善していくことです。

では、どんな玄関ならよいのでしょうか。

建築医学の定義としては、玄関に「玄関室」を設ける方法があります。「玄関室」とは、玄関を壁や扉で囲って、部屋として独立した空間をつくるというものです。玄関からリビングやほかの部屋へ移るときは、扉を1枚開けて入ります。建築医学では、こうした動線を重要視しています。

しかし日本の住宅で、玄関室のスペースをしっかり取ることはそう簡単なことではありません。玄関室のかわりに、パーテーションやのれんなどで玄関スペースを区切るのも一案です。もともと玄関が狭い場合は、鏡を置いて視覚から広いと感じさせるのも効果的です。

もちろん「リゾート化」も忘れずに意識しましょう。

脱いだ靴がたたきに置きっぱなし、傘が出しっぱなしといった玄関は、言うまでもなく生活感に直結します。予算がゆるせば、シューズインクロークをつくって、靴や傘をきちんとしまえる空間を設置するとよいでしょう。

基本的に、玄関には余計なもの、必要のないものは置きません。ただし、リゾート感を演出できる観葉植物やリラックスできる香りのものを置くのはよいと思います。

扉を開けるたびに、外での疲れ、嫌なことを忘れてリラックスできる。そんなリゾートにあるホテルやコテージのような玄関を目指してみましょう。

ダイニングの正面にトイレがあると、食欲が減退する

前項で玄関は「脳」や「顔」とお伝えしたように、建築医学において家の各部屋は、身体の各部位に対応、共鳴するとされています（口絵ⅵ～ⅶページ参照）。例えば、ダイニングは「胃・脾臓」、トイレは「腎臓・膀胱」に対応しているとされています。

あまりおすすめできない間取りとして、「ダイニングに隣接したトイレ」があります。トイレの〝気〟がダイニングへと向かうことで、それを一緒に口から取り入れてしまいます。そして、悪臭の不快感が胃液の分泌や消化の働きを弱め、食欲を減退させてしまいます。テレビを見ながらの食事にも気をつけてください。テレビを見ながら食事をする場合、例えばテレビで殺人の場面が映されていれば、殺気を食事とともに取り入れることになってしまい、食欲を奪ってしまいます。

このように私たちは食事のとき、食べ物だけを口にしているのではなく、周囲にあるも

のすべての気を口にしているのです。

ちなみに前項の「玄関にキッチン」と同じくらい、「玄関にトイレ」も避けていただきたい間取りです。玄関は家の気の流入口です。玄関から入る気が、トイレからの汚れた気と混じり合って家の中を巡るのはよくありません。また、玄関に来客があるときに用を足していればトイレから出られませんし、これから用を足そうとする場合でも行くに行けません。余分な気を使う家になってしまいます。

トイレは悪い気がたまりやすいため、配置には細心の注意を払いたい場所ではありますが、ここで大きな問題となるのは「臭い」です。トイレには、どうしてもくさい臭いがこもりがちです。

人間の五感の中で、嗅覚は唯一、脳にダイレクトに届く感覚といわれています。その他の四感の情報は、理性を司る「大脳新皮質」を経由し感情や本能を司る「大脳辺縁系」に伝わるのに対し、臭いの情報だけは「大脳辺縁系」に直接伝わるのです。

そのため、日常的なくさい臭いは不快でストレスがたまるだけでなく、脳にも悪影響を与えます。だからこそ、臭いに気をつけなくてはならないのです。

なぜ私がこれほどまでに臭いにこだわるのか。それは、人は臭いに慣れてしまいがちだからです。週末の夜、「電車の中がお酒くさいな」と思っても、2駅も乗っていればいつの間にか感じなくなってしまう。みなさんもそんな経験はありませんか？

つまり、人は悪臭がそこにあったとしても「慣れてしまう」生き物なのです。

とある孤独死の現場となった物件も、トイレの扉を開けるとすぐにダイニングという間取りでした。そこを訪れた私は、確かにトイレの臭いを感じましたが、おそらくご本人は、毎日毎日そこで食事をとっているうちにくさい臭いに慣れてわからなくなってしまっていたのではないでしょうか。

これは、とても危険なことだと思います。つまり「毎日少しずつ毒を盛られているようなもの」だからです。

「茹でガエル」のお話をご存じでしょうか？

いきなり熱湯に入れられたカエルは驚いて逃げていきますが、冷たい水に入れられ徐々に温度を上げられたカエルは、水温が上がったことに気づかず、そのまま茹って死んでしまうそうです。くさい臭いに慣れすぎて感覚が麻痺し、その環境で暮らし続けてしまうことは、まさにこの「茹でガエル」の話と一緒です。

1回に感じる汚臭は微々たるもので、気にもとめない程度かもしれません。しかしその影では、脳や身体が徐々にダメージを受けているのです。


私はこれまでにさまざまな事故物件を見てきましたが、トイレも含めて「臭い」の気になる家は本当に多くあります。

「この部屋、臭いませんか？」そう問いかけても、わかってくれる不動産会社はほとんどいません。

家を決めるときは臭いに敏感になることはもちろん、「ここはどんな体の部位に該当する場所だろうか」「この部屋とこの部屋が近くにあることに違和感はないだろうか？」と想像力を働かせてみるのも大切です。

臭いは目に見えないもの、慣れてしまいがちなものだからこそ、意識的に関心を向けていきたいものです。

寝室は心臓と対応している

建築医学において各部屋と身体の部位が対応関係にあり、共鳴していることをこれまでお伝えしてきました。

それはつまり、部屋の状態が整っていれば、対応する部位や臓器の健康を保ちやすくなり、整っていなければ疾患が起きやすくなるということです。

第1章でもご紹介した、真っ赤な床に真っ赤な天井、側面の壁には真っ黒の壁紙が使われていた寝室の物件の話ですが、家主の死因は、脳へとつながる心臓の血管が切れたことだったといいます。寝室に対応する部位は、ほかでもない「心臓」です。

では、こちらの私が見た物件のどこが悪かったのでしょう。

何となく違和感を持った方も多いと思いますが、寝室の色使いが大きく影響していると考えられます。

床と天井に使われている「赤色」は、人間の交感神経を刺激し、気分を高揚させる効果があります。また心拍数や血圧を上昇させるホルモン「アドレナリン」の分泌が促され、興奮や怒りを導きやすい色でもあります。

もちろん赤色自体は悪い色ではなく、建築医学に基づいてつくる家も、あたたかさや彩りをプラスしたいときなど、リビングなどへ部分的に使うことがあります。

ですが、寝室に使うことはまずないといってよいでしょう。なぜなら、寝室に入るたびに気持ちが昂ったり、興奮したりしていては、寝室の目的である「睡眠や休息をとる」ことを妨げられてしまうからです。

先ほどお話しした「部屋の状態が整っている」というのは、こうした部屋の目的に応じた色使い、インテリアの選択がきちんとされていることも含まれます。部屋の目的にマッチしない不調和な状態で毎日過ごしていると、対応する臓器や部位など、身体に悪影響が出てきやすくなるからです。

ゆっくり眠り身体を休める寝室には、興奮を鎮め気持ちを落ち着かせて、おだやかに入眠できるような色使いやインテリアが適しています。

例えば、私が手掛けてきた物件で、よく寝室に使うのは副交感神経を活性化するカラーです。例えば、薄いピンク色などやさしい色合いもおすすめです。さらに照明は、蛍光灯などの白くて強い光ではなく、できれば白熱灯のようなあたたかい光がいいでしょう。

睡眠を促すメラトニンというホルモンは、周囲が暗くなってくると分泌が増えるといわれています。寝る前は、メインのライトを消して間接照明だけにするといった工夫も必要です。光の明るさをリモコンやスイッチで段階的に調整できる、「調光機能」のついたライトもおすすめです。

また「適度な広さ」も寝室には重要な要素です。土地に余裕があれば「寝室は思い切り広くしよう」と思うかもしれませんが、広すぎる寝室は気が抜けて落ち着かないため、かえって眠れなくなる方が多いのです。個人差はありますが、ご自身が「落ち着いて眠れる広さ」を目安としてください。

そして、疲れすぎには十分注意しましょう。過労は不眠やさまざまな病気を引き起こすだけでなく、五感も含めてさまざまな判断を鈍らせる原因にもなるからです。それがまた、家の不調和につながってしまうことも否定できません。

何かと疲労やストレスがたまりがちな現代社会。寝室を整えて良い睡眠をとり、パワーを養うようにしましょう。

脱衣場がないと、羞恥心のない子どもが育つ

特に昭和30年代、40年代の団地やマンションなど古い物件に多く見られるのが、「お風呂場に脱衣場がない家」です。実際にこのような家を見たことがある方も多いかもしれません。

例えば、高齢者が孤独死したあるマンションは、33㎡ほどの広さで、玄関を入るとすぐ左側にユニットバスの扉がありました。つまり、お風呂に入るためには玄関で服を脱がな

くてはならないのです。

さらにその家は、ユニットバスの並びにトイレがあり、玄関を開けたら、すぐにそこはダイニングスペースでもありました。

玄関は壁や扉で囲われていないので、当然、玄関ドアを開けるたびに生活感があふれてきますし、万一、玄関ドアを施錠していないときに、突然誰かにドアを開けられるようなことがあれば、すべてが丸見えです。食事をしたり、トイレに出入りしたりしているところはもちろん、最悪の場合、お風呂に入ろうと裸になっているところを見られてしまう可能性もあります。

そんなあり得ないような間取りが、実際、50～60年前の物件には結構あるのです。


一人暮らしならそこまで不便はないかもしれませんが、家族がいたり、友達やお客様が訪ねてきたりする家は、いちいち気をつけなくてはならず不便なことが多くなるでしょう。

また、これまでご紹介してきた間取りにも通じていえることですが、建築医学において「その部屋に入って最初に何が見えるか？」は、とても重要です。

人が五感から無意識に受け取る情報の中で最も大きいのが視覚情報だからです。その量は1秒間に1000万ビットともいわれており、味覚情報の1000ビットと比べると、いかに視覚から受け取る情報が、私たちの心や身体に大きな影響を与えているかがわかると思います。

例えば、前述した「玄関にトイレがある家」に暮らしていると、家に帰ってきて最初に見るのはトイレで、その情報は毎日無意識にインプットされます。

するとどうなるかというと、「帰ってきたらトイレに行く」という行動がいつの間にか自分にインストールされます。「玄関ドアを見るだけでもよおしてしまう」という方がよくいらっしゃいますが、大抵、そうした間取りに住んでいるケースが多いのです。

同様に、脱衣所のない家に住んでいれば「人前で服を脱ぐ」という行動が、インストールされてしまう可能性が高いでしょう。

何より心配なのは、お子さんのいらっしゃるご家庭です。

小さな頃からそうした家で育ってしまうと、玄関など人が来るかもしれない場所で着替えることに対して羞恥心を持たなくなり、「これは普通のことだ」と思うようになります。

それが発展すると、家ではないところでも「人の前で服を脱いでも恥ずかしくない」といった、一般常識やマナーから外れた感覚が芽生えてしまう恐れがあります。

改善方法としては、可能であれば玄関を壁やパーテーション、扉などで囲って独立させて、玄関から部屋の内部が見えないようにすることでしょう。それだけでも、だいぶ変わってくると思います。

少し余談になりますが、住む家によってインストールされるのは行動だけではありません。自分の家の敷地内にもう1軒家を建てたら、もともとの家とまったく同じ間取りだった。そんな話を耳にしたことがあります。

つまり、長年住んだ家の間取りも、良いものも悪いものも含め、知らぬ間に自分にインストールされているのです。無意識的に、長年住み慣れた間取りと同じもの、または似たものを選択してしまうのです。

ストレスがたまるワンルームという間取り

一人暮らしの若者や高齢者などに選ばれることが多いワンルーム。

家賃は比較的安いですし、コンパクトで単身世帯には使い勝手がよいかもしれません。

しかし、建築医学の観点からすると、これほどストレスがたまりやすい部屋はありません。実際、私はワンルームに住む高齢者の孤独死を何件も見てきました。

なぜワンルームはストレスがたまるのか。その理由は、3つあります。

1つ目は、何より「狭い」ことが挙げられます。

ワンルームの広さは、20～25㎡くらいが一般的ですが、東京都内などでは12㎡ほどの超狭小物件も少なくありません。そこまで狭いと、「ただ寝るだけに帰る部屋」、むしろ「寝ることしかできない部屋」になってしまうと言っても過言ではありません。

いつも視界は壁に囲まれて、常に何かを避けながら動かなくてはならない。これでは、「家に帰ってきたら疲れが取れる」という感覚は当然持てないでしょうし、毎日の積み重ねで知らず知らずのうちにストレスがたまっていきます。

家の本来の目的は、そこに住む人がくつろげる場所であること。そのため、いくら一人暮らしとはいえ、ある程度はゆったりできるスペースは必要なのです。

ちなみに、国土交通省が定める「居住面積水準」によると、単身世帯が健康で文化的な住生活を送るのに最低限必要な面積は25㎡で、畳数でいうと約15畳。特に都内ではなかなか見つけにくいかもしれませんが、健康を保つためには、多少家賃が上がってもそのくらいのゆとりがほしいところです。

2つ目は、「気持ちの切り替えができない」ことです。

ファミリータイプの住居ならば、くつろぐためのリビング、食事をするダイニング、料理をつくるキッチン、眠るための寝室と、それぞれの目的に合わせて部屋が分けられているのが一般的です。

ですがワンルームは、くつろぐのも、食べるのも、料理するのも、寝るのも、着替えるのも、すべてひとつの部屋で行うことになります。ベッドを見ながらご飯を食べたり、料理の臭いが残ったままの部屋で寝たり。1日の中で、気持ちの切り替えや気分転換できる時間が一切ないのです。

「気分転換」も建築医学では大切なキーワードです。目的ごとに部屋を分けることで、玄関を開けるとき、各部屋に入るとき、「仕事の疲れは外に置いて、家ではゆっくりしよう」「ご飯を食べよう」「眠ろう」といった切り替えができ、思考が整えられるとされています。

3つ目は、「収納がないケースが多い」ことです。

以前、大島てるさんとお話をする機会があったのですが、そのとき「ワンルームの事故物件は収納がない部屋が多い」ということを伺いました。確かに、ワンルームはスペースを確保するために、どうしても収納部分を削られてしまうことが多いのです。

すると、必然的に床に置かれる荷物が多くなり、それに引きずられるようにして部屋はどんどん散らかっていきます。また、いくら床を掃除しても、床にものがあってはきれいになったかどうかも実感が持てません。

そうなると人は、片付ける意欲がなくなって、きれいにすることを諦めてしまうのではないかと想像できます。そして最初は荷物だけだったものが、いつしかゴミも混ざるようになり、そこらじゅうにゴミが散乱する、いわゆる「ゴミ屋敷」にもつながってしまうのです。

私が見てきたワンルームでの孤独死の現場も、そうした状態の家が多々あります。第1章でもお話しした物件では、ウイスキーなどお酒の空き瓶が入ったビニール袋が何十袋も放置され、ベランダまであふれ出ていました。袋には入っていましたから、ご本人に「捨てよう」という気持ちはあったのかもしれません。ですが1袋、また1袋と増えていくたびに、だんだんと捨てることを諦めてしまい、実際に捨てるところまでは頑張れなかったのでしょう。

このようなワンルーム物件は、実は日本に非常にたくさん存在しています。その背景には、東京オリンピックを控えた1963年、3点ユニットと呼ばれるトイレ、お風呂、洗面所が一体となったユニットバスを採用したワンルームが爆発的に売り出されたことがあります。コストや工事期間を抑えられるということもあり大量につくられ、当時は人口も多く人気でした。

ですが時代が変わり、人も減り、現在は「バス・トイレ別」の物件を求める方が確実に増えています。3点ユニットのニーズはほとんどなくなったにもかかわらず、当時の状態のままのワンルームがまだまだ取り残されている状況なのです。

借主がなかなか見つからず、困っている大家さんはたくさんいらっしゃいます。そのため、私たちが建築医学を用いてワンルームのリフォームをご提案する機会もよくあるのです。

その際、可能であればトイレ、お風呂、洗面所を別々のスペースに分けることをおすすめしています。しかし、平米数的に不可能な場合はもちろんありますし、独立させることによって部屋全体の面積が狭くなってしまうのであれば、それはそれでまた新たなストレスが発生しますので、慎重に検討する必要があります。

比較的手掛けやすいリフォームでは、収納を増やすことです。小さくてもよいので、生活動線に支障がない程度に収納できる場所をつくると、部屋が散乱するのを防ぐことができますし、使い勝手もさらによくなります。

角部屋は事故物件が多い

アパートやマンションの角部屋は、今も昔も好まれる傾向にあります。隣りあう住戸が片側だけでプライバシーが守れる、生活音を気にしなくてよいといったことが、選ばれる理由です。「多少家賃が高くても、角部屋に住みたい」という方は、少なくありません。

そんな人気の角部屋物件。不思議に思われるかもしれませんが、意外と事故物件に多く見られます。私の感覚だと、特に昭和40～50年代ごろに建てられた団地の角部屋は事故物件になりやすいと感じています。

要因のひとつには「寒さ」があると考えます。最近のマンションの角部屋は、角側に窓があるタイプが多く、その場合は太陽の光が入って室内は明るく、比較的あたたかく感じます。しかし、少し昔の団地になると角部屋でも窓がないことがあるのです。

その場合、室内はいつも暗く、外壁に風があたって冷えてくると、当然、体感温度も下がります。角部屋でなければ、両隣の部屋に挟まれて周りの部屋自体が断熱材のような役割をしてくれるのですが、角部屋ではそうもいきません。古い団地は、もともと断熱性能が低いということも関係しています。

寒い部屋は、緊張状態が続いて怒りやすくなったり、ネガティブな気持ちに向かいやすくなったりするだけでなく、お風呂場などとの温度差によるヒートショック現象のリスクも高まります。

また窓があってあたたかい場合でも、見える景色には要注意です。第1章でもご紹介した物件は、南西向きのワンルーム角部屋で角側にも窓がありましたが、どちらの窓からも築年数が50~60年経過していると思われる、古いアパートのトタンの壁が見えました。つまり、正面を向いても、横を向いても、錆びた鉄の壁が見えるのです。

これまでにお伝えしてきたように視覚情報は、無意識に私たちの心に大きな影響を与えます。いつも青々とした木々や空が見える環境と、今にも倒れそうな古いアパートが見える環境とでは、どちらが私たちに心地よい心理的影響を与えるでしょうか。

ですから、角部屋を選ぶときは、ぜひ「寒さ」や「窓から見える周辺の景色」も注意深くチェックしてください。

角部屋に関して、ある漫画家の方から聞いたお話です。

その方は身内と隣同士に並んでマンションに住んでおり、身内の方は角部屋に住んでいました。しかし、その角部屋の方は時間さえあれば漫画家の方の部屋に来ていたといいます。その理由を聞いてみると、「私の部屋は寒いから……」だったそうです。

角部屋がよほど寒かったのでしょう。部屋の体感温度の違いは両方を行き来した人にしかわからないことだと感じました。

私が扱った事故物件を思い出してみると、確かに角部屋が非常に多かったのです。第1章でご紹介したマンションも、赤と黒の部屋も、女性が自死したマンションも、すべて角部屋でした。角部屋であれば断熱することを優先してリフォームを考えたほうがよいかもしれません。

三角形の土地は不幸まっしぐら

家を建てるときは、敷地の形状にも注目してください。土地は四角いものだけでなく、いろいろな形があります。その中で注意したいのは、「三角地」や「三方を道路に囲まれた土地」です。

三角地とは、文字通り三角形の形状をした土地です。例えば、2本の道路が交差する場所や、大きな土地に何軒か建売住宅を建てて余った土地が三角地となることがあります。三方を道路に囲まれた土地は、三角地の場合もありますし、整形地であっても何らかの事情で四辺のうち三辺が道路になっている角地、というケースもあります。

建築医学において、角地に家を建てるのは問題ありませんが、三角地、三方を道路に囲まれた土地はあまりおすすめしていません。

それはなぜでしょうか。

まず、そうした土地は道路を通る人、車などからの目線が気になってしまい、心から落ち着くことができません。これは実際に見られているかどうか、というよりも「見られているかもしれない」という不安が、意識していなくても常につきまとうことが問題になってくるからです。そして、それが毎日続くと、人によっては強いストレスになったり、神経質な性格を形成したりといったことにつながりかねません。

これは三角地に限らず、道路とフラットな位置にある土地の場合、どんな家でも起こりえる話です。これまで私が見てきた事故物件を思い返すと、そうした場所に住む人は大抵、昼間でもカーテンを閉めたがります。

カーテンを閉め切ってしまうと、たとえ日当たりのよい土地でも、1日中暗くて寒い中で過ごすことになります。暗くて寒い家は、自然と気分もネガティブになりがちで、うつ病や自殺といったことも引き寄せやすくなるのです。

三角地などは土地的に開けていますので、「日当たりのよい物件ですよ」と不動産会社からすすめられることがあります。ですが、それを鵜呑みにするのは危険なのです。

また、三角の土地や通常の土地でも道路に囲まれた土地は、どこを向いても道路や人の目線、壁などに囲まれて、物理的に退路が断たれている状態です。そこから無意識に生み出される日常的な不安感も、懸念事項といえるでしょう。

以上のことを考えると、そのような土地に良いエネルギーが集まるとは個人的にも思えません。

建築医学的にも、尖った部分がある土地は、周囲に攻撃的な印象を与えてご近所トラブルなどを起こしやすくなったり、そうしたトラブルにより精神的な不安に襲われたりしやすいとされ、居住するのであれば、なるべく正方形に近い土地が推奨されます。

もし取得した土地が三角地であっても、大通りや交差点に面して家を建てないようにすることが大切です。これは、自動車の交通によって場が乱されやすく、落ち着く環境でないことが大きな理由です。

三角地だけではなく、一般的に家の裏側に道路があると不安感が増すケースが多く、三方に道路があると人目に付きやすく、空き巣などの犯罪にあいやすい家となります。また、家家の裏側が崖地になっていたり、土地が低くなっていて家もないとなると、人は不安になって落ち着きを失ってしまいます。そのため、家の裏側に隣家があったり、人通りや車の往来があまりない場所を選ぶことが大切となります。

いずれにしても、三角地でこれから家を建てる場合は十分な配慮が必要でしょう。

ですが、もしそのような土地にすでにお住まいの場合、対処方法がまったくないわけではないので安心してください。

例えば、人の視線に関しては窓を見直してみましょう。

道路に面したところに掃き出し窓（ベランダなどに取り付けられる、下部分が床まである大きな窓）がある場合、腰の高さくらいの小さな窓に変更すれば、壁の部分が増えますので多少の視線を遮ることができます。

もうひとつ、窓ガラスの素材を変えるという方法があります。室内からは通常のガラス同様に外の景色が見え、室外からは室内の様子が見えない特殊なガラス（反射ガラス）もありますから、検討してみるといいでしょう。

また最近は、外から見たときに室内が透けて見えない加工をしたレースのカーテンなども販売されていますから、そういったカーテンに取り換えるのもひとつの方法です。とにかく分厚いカーテンを閉め切る選択だけは、ぜひ避けていただきたいと思います。

不幸を呼び込む旗竿地

日本には「旗竿地《はたざおち》」と呼ばれる土地があります。道路に面したところに細長い出入り口があり、その奥に住居があるという土地で、上から見るとちょうど旗竿のような形をしていることからその名がつきました。

旗竿地は、特殊な形状であることも影響し、一般的な整形地よりも安価で販売されている場合が多く見られます。しかし、その形状ゆえに、建築医学の観点からするとマイナス面が多いことも特徴です。

まず、気になるのは日当たりです。

旗竿地の家は、手前に隣家がくっついて建っている状況のため、必然的に日が当たりにくくなります。たとえ南側の道路に面していたとしても、そこから家1軒分離れるわけですから、あまり期待はできません。日当たりが悪ければ、当然、室温も低くなります。日が当たらない、部屋が寒いとなれば、不眠や冷え、ストレスといった身体や心の不調が出やすくなることが懸念されます。

さらに、採光のために大きな窓を取り付けなくてはならなかったり、部屋をあたためるための暖房費が余計にかかったりと、せっかく安く土地を購入したにもかかわらず、居住後のコストがかさむことも考えられます。

以前、旗竿地に建つ建売住宅で、中学生が自殺で亡くなった事案がありました。土地の影響なのかはわかりませんが、その子はずっと登校拒否で学校にはあまり行けていなかったようです。

その家は、玄関を開けるとすぐ階段。廊下の天井には黒い板張りが施され、照明器具にも黒いものが使われていました。

ただでさえ日当たりが悪く暗いうえに、毎日帰宅するたびに黒いものばかりを見て、自分の部屋へ入っていく。そんな住環境も、悲しい事案の引き金になったのではないかと、想像せずにはいられません。

では、旗竿地の家でどのような対策ができるかです。

例えば、室内になるべく日が入るようにトップライトを設置するなど設計を工夫したり、壁紙やインテリア、照明にあたたかい色を使うようにしたりといったことがあるでしょう。

コストはかかりますが、床暖房など暖房設備を万全にしてあたたかい環境をつくることは、健康面でも大きな効果があると思います。

また、道路と接している出入り口の幅は、建築基準法で２ｍ以上と定められていますが、仮に２ｍだとしても、軽自動車も停められないほどの狭さです。自転車やバイクなどを置いた場合は、カニのような横歩きをしないと通り抜けられないほどになります。

そうした場所も、たまに通るくらいなら、気にならないかもしれません。しかし、旗竿地に住む場合は必ずそこを通る必要があります。毎日毎日、狭い場所を通って出勤し、帰宅する。そうしたことが小さなストレスになり、少しずつ積もって、いずれ大きなストレスになることも考えられます。

すると、だんだん出かけるのも億劫になってくるかもしれません。

よく高層マンションの上層階で、「下に降りるのが面倒だからあまり外出したくない」と出不精気味になる方が多いと聞きますが、旗竿地でも同じようなことが起こる可能性は十分にあるのです。

同じ旗竿地でも、出入り口の幅に広さがあればマイナス面は多少解消されると思います。狭い出入り口であっても、できるだけ物を置かないようにしたり、草花でいつも明るい雰囲気にしたり、通ると楽しくなるような工夫ができるといいでしょう。

また、一定の費用がかかってしまいますが、通路の入り口にアーチをかける、通路の両側もしくは片側に植物を植える、足元を照らす照明を設置するなども有効です。


もうひとつ私の経験からお話ししておくと、ご近所、特に手前に建つ家とトラブルが起こりやすいのも、旗竿地の特徴といえます。

要因としては、土地価格の違いによる心理的影響がひとつ考えられます。旗竿地の場合、どうしても道路に面している手前の家よりも価格が安くなります。

すると、何となくお互いの中で優劣を考えてしまうのでしょうか。最初は仲良くご近所付き合いをしていたのに、旗竿地の方が卑屈になるのか、手前の家の方が傲慢になるのか、だんだんと不仲になったり、もめたりといったトラブルが起こるといったことがよくあるのです。

それが原因で、どちらかの土地が売却に至ることも少なくありません。旗竿地に住む方が土地を売るときに、「手前の住人にだけは売りたくない」という理由から、私たちに交渉や売却を依頼されるケースも、意外とあります。

両隣にどんな方が住むかは、どんな土地でもマンションでも選ぶことはできないですし、これればかりは「運」もあるでしょう。

ただ旗竿地の物件は、一般的な隣り合わせの物件よりもご近所との物理的な接点が多いため、運を天にまかせるしかない部分が、ほかより多いといえるかもしれません。

寒い家は、安かろう悪かろう

ここまでお読みいただいたみなさんには、家にとって「寒さ」がひとつ大きな問題となることはおわかりいただけたかと思います。

寒さの中にいると、精神的にネガティブになるだけでなく、身体にさまざま悪影響が出てきます。

一番怖いのは、ヒートショック現象です。

ヒートショック現象とは、寒い部屋からあたたかいお風呂などへ移動して、急激に温度差が発生すると、血管が一気に収縮し、血圧が上下に激しく変動する現象のことです。血圧が急降下した場合は、めまいや立ちくらみが起きて転倒事故が起きやすくなり、逆に急上昇した場合は、脳梗塞、心筋梗塞といった命の危険につながる病気を発症してしまうおそれがあります。

この現象は温度差で発生するため、寒い家ほど起こりやすくなります。年齢を重ねて「暑い」「寒い」といった感覚を感じづらくなった高齢者の方、高血圧など血圧に持病がある方の場合は、注意が必要です。暖房設備を充実させるなどして、部屋をあたたかく保ち、各部屋の温度差をできるだけなくしましょう。

また寒さは、交感神経を刺激して人を怒りっぽくさせたり、緊張させたりします。寒い場所では何となく全身に力が入りますよね。つまり、寒い家ではイライラしがちで、いつも緊張状態が続いているためリラックスもしづらいのです。

一方であたたかさは、副交感神経を刺激するので緊張がゆるみ、心がおだやかに落ち着きます。あたたかい飲み物を飲んだとき、ホッとしますよね。まさにあのイメージです。ゆったりとくつろげる家、家族みんながおだやかに過ごせる家は、寒い家よりもあたたかい家なのです。

家が寒くなってしまうのは、日当たりが悪いことも大きな要因となりますが、断熱材が入っていない、もしくは入っていても薄くて機能していないといったケースもよくあります。特に、昭和40〜50年代の戸建物件は、もともと断熱材がない家、建築当時は入れてあったけれども老朽化などでなくなってしまっている家がほとんどでしょう。

寒さ、で思い出すのは、ご夫婦2人がそれぞれ孤立死をされた物件です。高台のてっぺんに建てられているため、風があたりやすく、非常に寒い家でした。天井を見ると、ポッカリと開いた穴がそのままになっていました。おそらく、修繕する費用はなかったのでしょう。

印象的だったのは、部屋にあった洋服をかけるハンガーパイプです。そこには、ジャンパーばかりかけてありました。もしかしてそれしか着ていなかったのではないか、と疑うほどの量です。部屋の中が、よほど寒かったのでしょうね。そんな状態の中でお亡くなりになられたのは、大変気の毒だと思います。

経済的な理由もあったのかもしれませんが、立地条件や断熱材など環境が整っていて、もっとあたたかい家であれば、こんな悲しい最期は訪れなかったかもしれません。

最近建てられた家でも、コストダウンのために薄い断熱材しか入っていない家が意外とあります。

昼間に物件を見学したときには「あたたかそう」と思って購入しても、いざ住んでみたら「夜はすごく寒い……」といったこともあるのです。安いからといって、すぐに飛びついて物件を決めてしまうのは危険です。

それに、のちのち体調を崩してしまっては、医療費などで結局お金がかかってしまう可能性もあります。いろいろな時間帯に見学して室内の温度を確かめてみるなど、慎重に検討しましょう。

「マンションと戸建て、どちらがあたたかい？」と疑問を持っている方がいらっしゃるかもしれません。これは、私が不動産会社の営業をしていたときの話ですが、もともとマンションに住んでいた方が戸建てに引っ越すと、高い確率で「戸建てってこんなに寒いの？」

と言われます。

ですが、厳密には、どちらのほうがあたたかいとはいえません。薄い断熱材しか入っていない戸建てと、コンクリートの壁で覆われたマンションでは、断然マンションのほうがあたたかいと思います。

一方で、しっかりと断熱材を入れて気密性を高めた木造住宅であれば、マンションよりもあたたかいと言われる方もいます。また、北欧や北海道など寒い地域のハウスメーカーがつくっている戸建ては、断熱材が充実していて、あたたかい家を好む方に選ばれている印象があります。

このあたりは、それぞれの感覚や、これまでどんな家に住んできたかといった経験知によっても違うといえます。

マンションでも木造住宅（戸建て）でも、室内の温度や湿度に気をつけること、電気代も気になりますが、体調に合わせて床暖房やエアコンを活用して快適に過ごすことが大切です。

高層マンションの高層階はリスクだらけ

「タワマンカースト」という言葉があるそうです。つまり同じタワマンでも、高層階のほうがステータスが高いという考え方です。

確かに、高層マンションの高層階は価格が高く、ある程度の収入がないとなかなか手に入れにくい面もあるでしょうから、「高層階＝ステータスが高い」というイメージを持つ方も多いことでしょう。

ですが実は、高層階の物件は、建築医学からするとリスクしか見つからないほど住まいとして心配なところが多い物件なのです。

まずは、防災面です。

2019年10月に発生した台風19号によって、川崎市の武蔵小杉にある47階建てタワーマンションが停電、断水した出来事は、記憶に残っている方が多いのではないでしょうか。

電気系統設備がある地下室が浸水したことで停電が起こり、完全復旧までは数カ月かかったようです。

当時、そのマンションに住んでいた知人（不動産業者）のお客様から、自宅のある46階まで1時間半かけて汗だくになりながら一生懸命階段を上って帰ったら、停電と断水でお風呂に入れなかったという話を聞きました。

高層階に住む場合、エレベーターが動かなくなることは、大きな負担になりますし、「もし止まってしまったらどうしよう」という不安要素になるかもしれません。そうした日常的な不安は、知らず知らずのうちに心に根付き、家に帰っても心から安心できなくなってしまう恐れがあります。

また最近は、子どもの転落事故のニュースも目立ち、心が痛みます。小さな子どものときから高層階で生活すると「高所平気症」となる可能性があります。子どもは自分の目線の高さを基準として、地面との距離を把握して高さを判断しています。窓から地面が見えないところで育つと、ベランダからの景色が安全だと錯覚するようになってしまうのです。

物理的に考えても、2階に住んでいる場合と、20階に住んでいる場合とでは、同じ事故が起きたときの死亡率は後者のほうが高くなるでしょう。高層階は、そうした事故のリスクも軽視はできません。

心配なことは、健康面にもあります。

例えば、「高層階に住んでいる人は不眠症に悩む人が多い」「子どもがキレやすくなる」といったことはよく聞く話です。

はっきりとした要因はわかりませんが、これには地球の地磁気（磁場）が影響している可能性があります。方位磁石を置くと北を指すように、地球からは常に地磁気が出ています。建築医学においては、この地磁気の強弱が人間の健康と深い関わりがあるのではないかと考えられているのです。

例えば、地磁気の強い場所に植えた樹木と、弱い場所に植えた樹木とでは、前者のほうが高く伸びて成長速度が速いといったデータがあります。

マンションには、スラブといって床を支える20～30㎝ほどの厚い鉄筋コンクリートが各階に使われています。20階、30階といった高層階になれば、地磁気が家に届くまでには20～30枚のスラブを通過しなくてはならず、下層階より地磁気がより弱くなってしまう可能性があります。また、土から遠く離れた場所に住むこと自体、やはり人間という動物として自然なことではない、不自然なことのような気がしてならないのです。

高層階では、高さに加え、そこに地磁気の弱さも重なって、疲れが取れなかったり、エネルギーが湧かなくなったり、何だかイライラしたり、理由がわからない孤独を感じたりすることも多いのではないでしょうか。高層階を買った老人が孤独を感じて低層のマンションに買い替えたという話を聞いたことがあります。

高層マンションがひとつも建っていなかった江戸時代には、おそらくなかったであろう、そうした原因がわからないような謎の不調を引き起こしているのではないかと思っています。


「高ステータス」「見晴らしがよくて気持ちがいい」など、一見きらびやかで魅力的に見える高層階ですが、本当にそれだけで家を決めてしまってよいのでしょうか。

ご自身やご家族が、これからの未来、ずっと元気に暮らせる家かどうか。この本を手に取ってくださったみなさんには、ぜひそうした問いかけを忘れないでいただきたいと心から思います。

6階以上は妊婦の流産率が高くなる！

マンションの話題が続きます。次は高層というより中層階も含んだお話です。

少し衝撃的なのですが、東海大学医学部講師（当時）の逢坂文夫先生の著書『コワ～い高層マンションの話』（宝島社）によれば、マンションの6階以上に住む妊婦さんの流産率が高いというデータが出ています。しかも9階以上になると、さらにその率は上昇しているのです。

マンションとの明確な関連はわかりませんが、実際、私の周りにも30階以上の高層階に住んでいて、複数回流産された知人がいます。その方は低層階に移り住んだ後、無事お子さんを出産されたと聞きました。

もちろん流産にはさまざまな要因があると思いますが、住む階数によってこのようなデータが出ていると、さすがに無関係とは思えません。

子どもを授かって出産する。

人間という動物として、ごく自然な営みである出産という流れが妨げられているというのは、やはり地面から離れて暮らすことの不自然さが影響しているのではないかと考えてしまいます。

マンションの6階以上になると、ベランダの窓を開けても蝶はおろか蚊1匹入り込んでこなくなり、階数によっては、鳥のさえずり声すらも届かないと聞きます。

そうした生命とのふれあいが少ない場所で、生命を育むというのは、少なからず違和感も抱きます。流産率が高いというのは、もしかしたらそのような違和感を、自然に生きる動物として人間の体が教えてくれているのかもしれません。

ちなみに建築医学では、植物や動物といった「自然」も重要な要素となります。コンクリートのビルばかりの無機質な土地よりも自然豊かな土地のほうが、心も豊かになりますし、電磁波を放つ機械ばかりの部屋よりも、観葉植物などを置いた生命力のある部屋のほうが、人はイキイキと元気になります。

これから赤ちゃんを迎えようという方に、必要な家はどんな家でしょうか。自然からかけ離れた無機質な家ではなく、ぬくもりや豊かさに満ち生命力にあふれている、そんな家ではないかと思います。

住む方が目指す人生を実現するための第一歩が家であり、ご自身の人生の希望を叶えるのが「家の目的」です。目的に沿った家、住環境に住むことはとても大切だと私は思います。そうしたことは建築医学では当たり前でも、まだまだ世の中に知られていません。知らないばかりに、便利さや安さ、ステータスなどに惹かれて、目的とは正反対の家に住んでしまい、不幸や不調を招いている可能性は十分にあるのです。

健康で幸せな未来のために、ぜひ「家の目的」をいつも心に留め置きながら、より良い住まい、環境を整えていただければと思います。

マンションの低層階はカビに注意！

マンションの高層階の話が続きましたが、次は低層階に関するお話です。

団地の1階に住む知人と話していたら、「毎晩マスクをして寝ている」と言うのです。理由を聞くと、カビを吸い込んでしまうのを避けるためにマスクを使っているとのこと。その方は看護師だったこともあり、低層階にはカビが生えやすいという知識があったようです。

これは、まったくその通りです。マンションの低層階は、高層階に比べてカビのリスクが非常に高まります。さらに言うと、3階建てよりも5階建て、5階建てよりも10階建てというように、総階数が多いマンションの低層階ほど、カビは発生しやすくなります。

なぜなら、雨などによって濡れた建物は、多くの場合、重力によって低層階のほうに水分が移動するからです。そのため、下の階は完全に乾くまでには日数がかかり、カビの原因となる湿気が長い間たまってしまいがちなのです。

特に団地の低層階は、晴れた日でも日当たりが悪い部屋が少なくありませんから、余計にカビが生えやすい環境といえるでしょう。

「お風呂にはカビが生えるけど、部屋の中でカビなんて見たことがない」という方がいらっしゃるかもしれません。

確かに、お風呂のように黒いカビが見えていればわかりやすいのですが、マンションの場合、実は見えないところほどカビが生えています。

その代表格は、壁紙の下です。特にビニールクロスは完全に空気を通さない仕組みになっているので、湿度が高くなって石膏ボードとの間に結露ができると、そこにカビが発生します。

壁の中で起こっていることなので、当然、外側からは見えません。またリフォームなどをしない限り、壁紙を剥がす機会はほとんどないですから、なおさらわかりません。少しゾッとする話ですが、いろいろな家を見ていると「壁紙の端っこをペラッとめくってみたら、カビで真っ黒だった」という事例は、結構あります。

見えていないものに気がつかないのは、ある意味当たり前のことです。そのため、建築医学では、カビが発生しているか調べられる器具を使って、室内のカビをチェックすることもあります。玄関やエアコンの下などに5秒間置いてデータを取ると、室内にはかなりのカビが発生していることがわかります。

カビには、アオカビ、クロカビをはじめ、さまざまな種類があります。

その数は、なんと8万種類以上あるともいわれ、まだ詳細がわかっていないものも含めればさらに多くの種類があるでしょう。

例えばブルーチーズに生えるカビなど、人間にそれほど害を及ぼさないカビがある一方で、人間の健康に悪影響を及ぼすカビもたくさん存在しています。

そうしたカビは、感染症をはじめ、アレルギーや気管支喘息、過敏性肺炎といった病気の要因になります。またカビの中には「カビ毒」と呼ばれる有害物質を作り出す種類もあり、カビ毒は肝臓や腎臓に障害を与えるものや、強い発がん性を持つものもあることがわかっています。

特に、高齢の方や体調が悪い方、小さなお子さんなど、免疫力の低い方が、カビを大量に吸い込んでしまうと、重大な症状を引き起こしかねません。

前述したように、壁紙の下など家の見えないところにカビが生えていることを知っている人は、ほとんどいません。つまり、具合が悪くなったとしても、その原因が自分の家のカビであると認識できる人はほぼゼロですし、おそらくお医者さんでも、そういった判断をするのは難しいのではないでしょうか。私はつねづね、これは「家の完全犯罪」だと思っています。

ガンになったからといって、「これは家のせいだ」と家を訴える人は誰もいませんよね。「食生活が原因かな？」「寝不足が続いていたからかな……」などと、食べ物や生活習慣に意識が向く人はいますが、家に意識が向く人は、まずいないことでしょう。ですが、本当に「家のせい」かもしれないのです。そのことを知らずに住み続けていれば、さらにカビを吸い続けることになります。それでは、いくら健康に気をつけていても、毒を毎日少しずつ盛られているようなものです。

ある方が、咳が長引いたので病院へ行ったら、気管支拡張剤をたくさんもらって帰った。その後、咳が長引いている原因はカビかもしれないと思いエアコンを掃除したら治った、という話を聞いたことがあります。もし、薬を飲んで気管を拡張していたら、もっとカビを吸い込んでいたのではないかと思いました。

こうした事実を知っていれば、「完全犯罪」は防ぐことができます。低層階であれば湿気がたまらないような工夫をしたり、日当たりのよい部屋を選んだり、総階数の少ないマンションや中層階を選ぶなど、方法はいくらでもあります。まずは知ることが、大きな一歩となるでしょう。

電磁波には危険がいっぱい

スマホ、電子レンジ、エアコン、テレビ、ヘアドライヤー、電気毛布など、いまや電磁波を出す電化製品に触れない日はありません。

電磁波は目に見えません。また、こうしてさまざまな身近な電化製品から発せられているがゆえ、あまりに身近になってしまい、電磁波の存在を深刻に考えている人は少ないのではないかと感じます。

しかし私は、大きさや強弱にかかわらず、電磁波を発生させるものはすべて人体に影響を与えていると考えています。

例えば、電磁波が及ぼす人体への悪影響については、「携帯電話と発がんについての国立がん研究センターの見解」（２０１１年6月28日）でも報告されています。

この報告書を読むと、特に携帯電話で長時間通話をしている方たちが、電磁波から何らかの悪影響を受けてしまうのは間違いないのではないかと思います。

電磁波の影響は、発生している機器の近くにいればいるほど大きくなるといわれています。例えば、長時間耳に当てて携帯電話やスマホで通話したり、枕元に携帯電話を置いて寝たり、妊婦さんがお腹の上にスマホを置いたまま寝てしまったりといった、身体から近い場所で電磁波の出るものを使用するのは避けたほうがいいでしょう。

携帯電話を、いつも専用ポケットに入れて肌身離さず持っていた知人の親族が、携帯電話の形通りに、体にがんができたそうです。そんな嘘のような本当の話も、実際に起きているのです。

携帯電話やスマホで長電話をして、頭痛がしたり、体調が悪くなったりしたことがある方もいらっしゃることでしょう。普通の人には何も感じられなくても、中には電磁波に過敏に反応される方がいます。ひどい方だと呼吸困難や動悸といった症状が出ることもあるようです。

ですから、家を建てる際も、電磁波には十分に気をつけていただきたいのです。

特に、鉄塔や変電所、高圧電線や送電線など、強力な電気が通る施設の周辺は電磁波が強いといわれています。意外なところでは、電車の線路から近い土地も注意が必要です。電磁波の量がわかる測定器ではかってみると、電車が線路を通過するたびに測定器の針が振り切ってしまうほどの電磁波が発生しています。

現在すでに電磁波の影響を受ける土地や建物にお住まいの方の対処法としては、空間調整器を部屋に置くこともひとつの解決策になると思います。


そうしたことを何も考えずに、ただ「駅近だから」「安いから」といった理由で土地を決めてしまったり、電磁波の強い電化製品を積極的に使ったりしてしまうのは、とても危険なことだと思います。

どんな場所だと電磁波が強いのか、人体にはどんな影響があるのかといったことを知っていれば、「電磁波の強い土地に家を建てるのはやめよう」「スマホからできるだけ離れる時間を持とう」といった対策ができるのです。

さまざまな事故物件、その物件に関わる方々を見てきて、電磁波に限らず「知らなかった」ということが、その人の人生にどれほど大きな影響をもたらすか、というのは痛いほど感じています。だからこそ、みなさんにはまず、「知る」ことから始めていただきたいと思うのです。

ちなみにもし私が、お客様や知人から電磁波の強い土地に家を建てたいと相談を受けたら、「どうしてもここにしか建てられない事情」があるのなら仕方ないですが、「避けられるなら避けたほうがいい」とお伝えします。

人が家を買う理由はさまざまだと思いますが、少なくとも根底には「今の家よりも快適なところに住みたい」という思いを誰でもお持ちなのではないでしょうか。そしてその家で「幸せになりたい」とは、言うまでもなくすべての方が思っていますよね。そのような思い、目的があるのならば、良い未来が待っている可能性が低くなるかもしれない土地をあえて買う必要はないと、私は考えています。

そうはいっても、やはり人は「駅近」など利便性ばかりを重視して、本質的な目的を忘れてしまいがちです。

土地に対して便利を追求すればするほど、電磁波が強い環境だったり、自然が少なかったりして、むしろ不幸が近づいてきてしまうと思うのです。思い切って利便性を切り離して考えてみると、緑が多く空気もきれいで健康的に暮らせる場所はたくさんあるでしょう。電磁波について考えることは、「自分はなぜ家を建てるのか」「この家でどんな暮らしをしていきたいのか」といった「家の目的」を考えるひとつのきっかけにもなるかもしれません。

住む方角で性格が変わる

実は、部屋の方角がどちらを向いているかで、住む人の性格が変わります。私がこれまで出会ってきた方々の事例をもとにした、さまざまなケースをご紹介しましょう。中には方角ではなく、「向き」がポイントとなる場合もあります。

北側の子ども部屋は引っ込み思案になりやすい

日が当たりにくい北側の部屋は、内気な性格の方が多い傾向です。特に子ども部屋として使っている家では、お子さんが引きこもりになるケースをよく見ました。

理由として考えられるのは、太陽光を浴びることで分泌されるセロトニンの不足です。セロトニンは、ストレス緩和や精神安定の作用があり「幸せホルモン」ともいわれる脳内物質。不足すると、心のバランスが不安定になり、ストレス、イライラ感、不眠、うつなどの症状が出ることもあるのです。

建築医学では、太陽光に近い照明器具などを利用して、不足を補うことがあります。

また湿気もこもりやすいので、換気や除湿もこまめに行ってあげることが必要です。

枕の向きによって不安感が強い性格に

寝室のドアを開くと寝ている人の頭の天頂部分が見える。そのような枕の置き方をすると、もしドアから人が入ってきても、起き上がって振り返らなければ確認できません。すると、「急に誰かに入ってこられても状況がわからない」という不安を無意識に持つようになり、いつも何かにビクビクと怯えてしまう性格になりがちです。

方角にかかわらず、枕は寝ている場所から寝室のドアが見える位置に置くようにしましょう。そのほうが、防犯面でも安心できます。

リビングの日当たりが悪いと認知症になる？

認知症の方が住まわれている家を見に行ったら、リビングやダイニングが日中でも日が入らなくて暗かったというケースが多かったです。そのせいかどうかはわかりませんが、やはり太陽の当たらない生活は人間の心に影を落とすのかもしれません。

リビングは、家族が集まり、コミュニケーションや活気を育む場所。できるだけ日当たりがよく、あたたかい位置がよいでしょう。方角としては、南や東がベスト、西でも光が取り込めればＯＫです。

北側のキッチンは怒りやすくなる

北側にキッチンがあると暗いうえに寒くなってしまい、体温が下がったり、交感神経が優位になり、緊張感が強まってイライラしたり、気分が落ち込みやすくなるので注意が必要です。北側にキッチンがある場合、キッチンマットを置いたり、壁を暖色系に貼り替えたりしましょう。もし、予算が許せば床暖房を設置するとなおいいでしょう。

家の中心に水回りがあるとエネルギーが湧かない

トイレやお風呂、キッチンといった水回りが、家の中心にある家は、何となくいつも元気がない、やる気が出ないという方が多いです。

建築医学では「気が抜ける」といいますが、住宅の中心はその家の気が集まる重要な場所であり、そこに水回りがあることで気が漏れるということになります。

すると何に対してもエネルギーが湧かなくなり、無気力になりがちです。またトイレなど水回りに関する場所は、悪い気がたまりやすい場所でもあるので、無気力に拍車がかかり、身体の不調まで出てくる恐れもあります。可能であれば、水回りの位置は家の中心を避け、もし中心にある場合は、いつもきれいに掃除をして清潔を保つようにしましょう。

家の中心をくり抜くと人生が不安定になる

家の中心には、水回りだけでなく、中庭や空間をつくることもあまりおすすめできません。気が抜けてしまいやすく、家全体のエネルギーが集まりにくくなるからです。家をコの字の形にして、凹んだ部分に庭を置く場合も同じです。そのような家に住んでいる方は、離婚したり、事業がうまくいかなくなったりと、人生が不安定になる方が多い印象です。

マンションも中心が大事です。例えば、L字形やコの字形のマンションでは、中庭に向かった飛び降り自殺が多く見られます。

T字路の突き当たりにある家は、精神が不安定になりがち

T字路の突き当たりは、いつも「車が突っ込んでくるのではないか」という不安がつきまといます。さらに車のライトが部屋を照らしたり、車からの目線が気になったりといったことで、日常的なストレスも多くなります。

側に信号がある場合は、排気ガスについても気にせずにはいられません。眩しさや目線を避けるために、カーテンやシャッターも閉めがちになり、暗くて寒い家になるでしょう。

そうした不安やストレスが積み重なることで、精神状態が不安定になりがちなのです。

まさに該当する土地に家を建てた方がいましたが、夫婦仲が悪くなって離婚されたり、さらに空き巣に入られたりと、次から次へと不幸が起こっていて本当に気の毒でした。引っ越されたと聞いたので、今度は幸せが訪れる家にお住まいであることを願っています。

いろいろとご紹介しましたが、方角にこだわりすぎてしまうと、かえって建築医学的にはマイナスになってしまうこともあります。

例えば、北側が道路に面している家なのに、「玄関は絶対に南側にしたい！」という方がいました。ですが、それを叶えようとすると玄関は家の裏側に回ったところへつくる必要が出てきます。

しかし、建築医学において玄関は「顔」。そう考えると、玄関が家の裏側にあるのは不自然なのです。やはり、北側とはいえ正面に玄関があるほうが家として自然ですし、良い気も入りやすくなるでしょう。方角や家相にこだわりたくなる気持ちも、わからなくはありませんが、現実的にこだわりを貫くのが難しいケースもあります。道路の反対側に玄関をつくるということは、人間でいえば相手から顔をそむけていることと同じですから。

例えば、昔のように土地に余裕があれば、方角にこだわってても支障がなかったかもしれませんが、今は都会をはじめ家が密集しているので、「どうしてもここに玄関をおきたい」といったことが叶えられないこともあるでしょう。

そんなときでも、どうか落ち込まないでください。

別の部分でこだわってマイナスをプラスにするような解決方法があるかもしれませんから、ほかの手も考えてみましょう。自分一人で考えず、周りの人やプロを頼ってみるのも一案です。

人間が朝起きて夜眠るためには、朝日の明るさも夜の暗さも両方必要です。家も同じだと思うのです。ずっと日が当たって明るすぎるのも落ち着きませんし、ずっと日が当たらず暗いのも気分が沈みます。大事なのはバランスです。

理想通りにできないところは、別のところでカバーする。そんなふうに臨機応変に考えながら、建築医学や風水などバランスよく取り入れていくことを私たちはおすすめしています。

エレベーターと隣接している部屋は不調になる

多くのマンションに存在するのが、エレベーターに隣接している居室です。少し怖い話なのですが、建築医学ではそのような物件に住んでいる方ほど難病奇病が多いというデータがあります。

最も影響を与えているのは、先にもお話しした電磁波であると考えられます。エレベーターは昇降することで、その都度、電磁波が発生しているからです。

例えば、エレベーターと直接隣り合っている部屋が寝室の場合、眠っている間ずっと電磁波を浴び続けることになります。それが毎日ですから、何らかの体の不調が出てきても不思議ではないでしょう。

また、エレベーターの隣室は、寒さも気にかかります。マンションは両隣、上下に居室がある場合、それぞれの居室が断熱材のような役割をします。そのため片側の居室がない角部屋は、寒くなりがちだとお伝えしました。エレベーターに隣接する居室は、まさに角部屋のような状態なのです。エレベーターが昇降するスペースは空洞ですし、さらに昇降のたびに風が起こります。そのため、居室内の温度は下がりやすい環境といえるでしょう。言うまでもなく、寒さは心や身体に悪影響を及ぼします。

さらには、エレベーターの機械音や出入りする人の声といった音のストレスもあるのではないかと考えます。エレベーターは、モーターやファンなどから、低周波音が出ている場合があります。低周波音とは、一般に周波数100Hz以下の周波数の帯域で、バスやトラックのエンジン音、大型の構造物や機械などから発生しやすいようです。低周波音の影響は、住宅などの建物や建具のがたつきとして表れたり、また、人体への不快感や圧迫感などがあります。

エレベーターで発生する低周波音で考えられるのは、後者でしょう。低周波音は、自然界にも存在する音ですが、人によって不快感を覚えることがあり、不眠や頭痛、耳鳴りといった症状が出る方もいます。

冒頭にご紹介した難病奇病が多いというデータは、不調の要因を鑑定で特定したからこそ、それが家に隣接しているエレベーターだとわかったのです。しかし、多くの人は不調があらわれても、まさかその要因がエレベーターにあるなんて思いもしないでしょう。「家を出たらすぐエレベーターに乗れて便利」「降りたらすぐ家に帰れる」と、エレベーターに隣接した物件を安易に選択してしまうのは、ぜひ避けていただきたいと思います。

現在住んでいる方は、できるだけエレベーター近くの部屋で長時間過ごさないように、特に寝室にするのは避けたほうがよいでしょう。

玄関を開けたら階段、は親子間の断絶に

第1章の事例でもご紹介しましたが、一軒家の場合、玄関を開けてすぐに階段がある間取りは、家庭内のコミュニケーションに問題が生じやすくなります。

特に注意したいのは、2階に子ども部屋がある場合です。そのような間取りでは、帰宅した子どもがリビングなどご家族のいる場所を通らずに自室へ直行できてしまいます。そのため顔を合わせる機会が減ってしまうだけでなく、階段がスイッチとなって、親と子で互いへの興味、関心がなくなってしまいがちなのです。

さらに、毎日玄関を開けたら階段が視界に入る生活を繰り返していると、その視覚情報と関連する行動が無意識にインストールされて、「玄関を開けたら階段を上る」ことが習慣化するのです。これは、玄関にトイレがある家に住むと、玄関ドアを見るだけでトイレ

に行きたくなってしまう現象と同じです。

すると、子どもの様子はほとんどわからなくなります。学校から帰っても「ただいま」も言わずに部屋へ行ってしまう。

友達を連れてきても、どんな子が来ているのか見ることができない。お子さんが、今何をしていて、どのような人間関係を築いているかも見えず、不安になってしまう親御さんは多いと思います。

また子どもは、親の目がない場所ほど、悪いことをしたくなるものですから、玄関から直接自室に行ける間取りは、わざわざそうした隠れ場所をつくってあげているようなものです。

実際に、このような間取りでは、お子さんが不登校になったり、引きこもりになってしまうケースが多く見られます。たかが階段の位置ですが、それがスイッチとなって、家族がバラバラになり、家族の絆にヒビが入る可能性が高まるのです。お子さんの部屋は、1階のリビングなどを通った先につくるのが理想的です。

朝起きたとき、または学校など外から帰ってきたとき、お互いの顔を見てコミュニケーションが取れる。そんなあたたかな家は、お子さんにとっても親御さんにとっても、メリットが多いと思います。

また、玄関を開けて入りこむ風が、階段を通じてそのまま2階に上がっていきますので、こうした間取りの家は寒くなります。人は寒さを感じると身体だけでなく心も縮こまって、ネガティブな方向にいきがちです。

ではこのような場合、どうすればよいのでしょうか。

まず、玄関に扉を取り付けて、外からの風が直接家に入らないような工夫をしましょう。それだけで家全体の寒さを少し和らげることができます。

できるところから、家の環境を変える。小さなところからでも、確実に意識や行動は変わっていくでしょう。

白い壁紙の部屋はキレやすい人間に

建築医学では、壁紙の色は住む人の精神状態や性格をつくるとされています。なぜなら、人間の体は今まで食べてきたものでできていますが、感情（心）は今まで見てきたものでできているからです。

あなたの家の壁紙は何色でしょうか？

日本ではほとんどの人が、「白」と答えると思います。清潔感のある色なので、白い壁紙は日本の多くの住居や会社などで、よく使われています。

白を選ぶ理由は「一番無難だから」「何にでも合うからとりあえず」と、何となく選択しているケースがほとんどでしょう。しかし、そのことが、お子さんをはじめ、ご家族の心や性格に大きな影響を与えているかもしれないのです。

白色の大きな特徴は、光を反射することです。プロのカメラマンなどは、写真撮影時に、被写体の顔を明るくきれいに見せるために、レフ板という白い板状の道具を使いますが、これは光を反射する特徴を利用しています。

それが部屋中に貼られているわけですから、白い壁紙の家に住む人は無意識ではあるものの、常に緊張状態に置かれています。また、明るくトーンの高い白は、落ち着かない緊張する色であるとともに、疲れさせる不快な色でもあります。

このような白色の特性を考えると、壁紙が白い部屋に長時間いると、人によっては落ち着かずイライラしたり、情緒不安定になったり、ひどい場合だと頭痛がしたり体調を崩したりする可能性があります。

小さいお子さんや受験を控えたお子さんがいるご家庭の場合、白い壁紙、特に真っ白な壁紙の部屋でお子さんが長時間過ごしたり、勉強したりしないことをおすすめします。どうしても壁紙を白色系にしたい場合は、オフホワイト、ベージュ、アイボリー、クリーム系をお使いください。

また、白は寒さを感じる色でもあります。

五感の中で、視覚から受け取る情報はとても大きく、私たちの心や身体にさまざまな影響を及ぼしているとお伝えしましたが、色彩は体感温度までも変えてしまいます。

例えば、寒色系の青で統一された部屋と、暖色系の赤で統一された部屋を比較した場合、同じ室温に設定したにもかかわらず、青い部屋にいるときの体感温度が3度、赤い部屋にいるときより低くなることは、色彩に関するさまざまな実験データで明らかになっています。

「寒さ」がどれだけ家にとってよくないことかは、ここまでお読みくださったみなさんには言うまでもないことかと思いますが、気分が沈みがちになったり、緊張感が続いたりすることで、さまざまな不調が生じます。

人間の脳は、さまざまな刺激を受けることで活性化します。色彩もその刺激のひとつで、例えば、赤やオレンジを見ればやる気や行動力が湧いたり、緑を見れば協調力が高まったりするといわれています。

白は無機質で単調な色です。まぶしさや寒さと比べたらたいしたことはないと思われるかもしれませんが、実はこのことが「イライラする」「キレやすい」といった心を形成する大きな要因なのではないかと思っています。

何も色彩がない真っ白の室内にいると、人は落ち着きを失いやすくなります。刺激が少ないので、人によってはイライラしがちになったり、キレやすくなったりもします。

また、脳の活性化が促されないため、お子さんの成長も心配です。心の豊かさが育まれず、家庭内暴力や不登校、引きこもりにつながるケースもあります。大人であっても、毎日感情が動かされないような単調な環境で暮らしていては、冷徹な性格に向かってしまうことも考えられるでしょう。

前述したように、白は清潔感を与える色でもありますので、使う場所、目的によっては白を選ぶほうがよい場合もあります。

ですが、リビングのようなご家族がだんらんする場所、お子さんが長く過ごす勉強部屋などには、可能な限り白の壁紙は避けたほうがよいでしょう。意識的に彩りのある壁紙やインテリアを選び、あたたかな、そして心豊かになれる部屋を目指すとよいかと思います。

1階部分に部屋がない物件にも注意を

注意してほしいケースがもうひとつあります。それは、1階部分が駐車場やピロティなどになっていて、下に部屋がないマンションなどの2階です。

やはりここでも寒さが関係するのでしょう。1階部分に何もないと底冷えがして、寒さの悪影響を受けてしまうのです。

冬の寒さが厳しい北海道のマンションも1階部分に部屋がない建物はとても寒いため、

入居しても早く出てしまうケースが多いそうです。
また、同じように狭小宅地に建つ3階建ての建売住宅で、1階部分に駐車スペースがあるビルトイン式の建物は事故物件が多いと感じます。

寒さといえば本章でもご紹介した、ヒートショックです。これも寒さから引き起こされる現象です。

年間約1万9000人もの人がヒートショックで亡くなっており、私の知り合いの父親もヒートショックによりお風呂場で亡くなりました。母親はその後そのお風呂場をリフォームしたそうです。

しかしその一方で、こんなパターンもありました。

私が寒いお風呂場環境はヒートショックを起こしやすいという話を訳あり不動産を扱う社長としていたところ、「私の祖母は90歳を超えていて築100年くらいの家に住んでいます。お風呂場もめっちゃ寒いけどピンピンしてますよ」と言うのです。そこで「そのおばあちゃんはお風呂に入るときはどんな習慣を持っているんですか？」と聞いたところ「脱衣室には暖房器があって、お風呂に入るときは冷たい洗い場のタイルを熱いシャワーで温めてから入っていますね」とお答えになりました。

私はこのことから、たとえ家の環境が寒かったとしても、それよりも大切なことは「感覚機能が正常に働くこと」だと確信したのです。


第1章でもお話ししましたが、私は事故物件を見るたびに命の次に大切なものは「家」だと強く感じます。どんな住まいを選択するか、その選択した結果を未来で受け取ることになります。

心や脳に良い住環境を選択すれば未来で良い結果を受け取り、悪い住環境を選択すれば未来で悪い結果を受け取ることになるのです。

それは、何も家だけに限りません。

良い行為は未来で良い結果としていずれ受け取ることになるでしょう。悪い行為もまた悪い結果を未来で受け取ることになるでしょう。

人間関係においても人と争ってばかりいれば未来で孤独という結果を受け取る可能性が高くなり、逆に良い人間関係を築けば幸せな未来を受け取ることになるでしょう。

恋愛や結婚も同様だと思います。
その決断は、「正しい感覚機能」を持っていなければできないことです。

人からすすめられるものは、自分の意志で受け取ることも拒否することもできますが、こと住宅に関しては住む人の意志とは関係なく、その家に住み続ける限り毎日住んだ結果を未来で受け取ることになります。
私が見てきた事故物件の多くは、心身に悪い影響を与える住まいに住んだ結果を受け取ってしまった末路です。「住まいの環境から受け取る未来が大きく変わる」ことを知っていただき、建築医学に少しでも関心を持っていただけたら幸いです。

第3章　人を幸せにする建築医学とは

コロナ禍で家にいる時間が長くなった

ここ数年、コロナ禍で家にいる時間が増えた方も多いでしょう。

家にいる時間が長くなったことで、肥満や運動不足などという問題もあったようですが、それだけに限らず家庭内の「人間関係」に変化が生まれた方もいらっしゃるようです。

もともと家族関係があまり良好でない場合は、家にいる時間が長くなることで顔を合わせる時間が増え、家庭内のいざこざが増えてしまったという話もよく耳にします。逆に普段、忙しく働いているご主人が在宅仕事になり、家族内のコミュニケーションが良好になったという例も聞きます。

こういった人間関係の変化のすべてが「建築に原因がある」とは私も言いません。しかしながら、家族を包む環境がくつろげる空間だったら、雰囲気もよくなるでしょう。

反対に家の中が寒く、殺風景なくつろげない雰囲気であれば、家庭内のトラブルが増える原因にもなると考えます。

そういう意味でコロナ禍は、みなさんが「住環境って意外と大事なんだな」と気づく機会になったのではないでしょうか。

家にいる時間が長くなれば、当然良い環境の家からは良い影響を受けます。逆に悪い環境からは悪い影響を受ける、ということになります。「どんなところでも、住めば都」あるいは「ただ眠るためだけにある家だから、どんな家でも構わない」という考え方を見直し、家のあり方そのものを考える時代になったのではないかと感じます。

といっても私は、すぐにリフォームをしましょうとか、引っ越しましょうということを伝えたいわけではありません。まずは自分の家の中で居心地が悪い部分を整えることをおすすめしたいのです。

そのためには何よりもまずは部屋を「片付ける」ことが重要になってきます。私がこれまで携わった事故物件の実に8割以上で物が散乱し、ゴミも必要な物も一緒くたになっている状態でした。

やはり、雑然としていて汚い家はそれだけで、心地よさを奪ってしまいます。掃除も大事ですが、まずはその辺に置かれているゴミを捨てる。あるいは、衣類や消耗品などの身の回りのものは、収納すべきところに収納する。収納がない場合は、思い切って処分する、といったことを考えましょう。

収納がないワンルームの場合には、「片付ける」といっても物を片付ける場所がない場合もあります。その場合は、お金がかかってしまいますが収納ケースや棚を買うなどして、まずは物が床に置かれている状況をなくしましょう。

床に物が置かれなくなるだけでも、部屋の印象は随分変わります。

また、それができて少し気持ちに余裕ができたら今度はぜひ「白い蛍光灯」から「電球色」に変えてみてください。前にもお伝えしたように白い色は光を反射させる色で、人にストレスを与えます。

つまり白い壁紙に囲まれ白い蛍光灯をつけている状態だと、部屋にいてもくつろげないのです。気持ちのいい部屋にするためには、家具や壁の色にもこだわってみましょう。例えば、ベージュや暖色系の壁紙にしたり、テーブルやソファを黄色みのあるものや、木の質感があるものに変えるだけでも、随分印象は変わります。
間違っても、コンクリート打ちっぱなしのような殺風景な空間で暮らさないようにしましょう。
理想は、リゾートホテルのような室内。できるところから、ぜひ取り入れてみてください。

また、家の中の「臭い」に意識を向けてみるのもおすすめです。

- 玄関を開けたとき、どんな臭いがしますか?
- トイレに臭いがこもっていませんか?
- キッチンに油やゴミの臭いが残っていませんか?

香りは脳に直接伝わります。天然のアロマやルームフレグランスなどを上手に使って、良い香りで脳からポジティブになりましょう。

こうした小さなところから変えてみるだけで、家がくつろげる空間に変化します。そうすると気持ちも安定し、「今度はここだけ掃除してみようかな」という前向きな気持ちにもつながります。ぜひ、小さなところから住環境を変えていきましょう。

「建築医学」という学問とは

私自身、建築医学という学問に出会って、本当に「多くの人にこの学問を知ってほしい」と思うようになりました。

訳あり物件を取り扱ってみて、おそらく望んでいなかったであろう最期を遂げてしまった方たちを目の当たりにしているからでしょうか。人は、自分が思っている以上に住環境からの影響を受けているのだと感じます。

建築医学はそもそも「病は家から」という環境医学からスタートした学問です。環境医学は、「無垢素材は体に安心」「自然素材を使うことでシックハウス症候群の症状を出にくくする」といった「自然のものを大事にする」ことで、人間の環境を快適にするという考え方に主眼が置かれています。

一方、建築医学は、そこから発展して「心と脳にいい影響を与えられるものを選ぶ」という考え方が中心となっています。

もちろん、自然素材だけで考えれば調湿効果があったり、アレルギーが出にくかったりといった効果もあるでしょう。しかし、私はそれだけでは、人が幸せになるような住まいをつくるのには不十分だと感じています。

人生は調子のいいときばかりではありません。特にコロナ禍などで家にいる時間が増えるといった社会的な変化があった場合、心の調子を崩したり、あるいは仕事や家事のストレスから精神的にまいってしまうときもあるでしょう。

そんなときに備えて、なるべく心に悪い影響をもたらすものは排除しておく。この考え方がとても大事なのではないでしょうか。

建築医学では、人が進むべき「生きる方向」についても意識する、という特徴があります。

私たちはみな誰しも平等に「死」に向かって生きています。最後の終着点には死が待っているわけですが、そのルートに進んでいく際中に、なるべく回り道をして、多くの経験をしながら豊かに過ごしていくのがひとつの幸せなのだろうと私は考えています。

その道なかばで、死に向かって一直線に進んでしまうルートや、あるいは進むべき方向を間違えてしまうと、希望していなかった早さで「死」と向かい合わなくてはなりません。これは本来「進まなくてもいい」ルートです。このルートに乗ってしまった場合、一刻もはやく降りるべきなのです。

人生が長い線路で、私たちがそれぞれの電車に乗っていると考えるなら、自分の目指す目的地に向かいたいというのが人間本来の意思でしょう。

しかし、反対方向の電車に乗ってしまった場合、いつまで経っても目的地につくことはなく、時間だけが無駄に過ぎていってしまいます。例えば目的地が「幸せ」だとするなら、いつまでたっても幸せにはなれない、ということになります。

人生は長いようで短いもの。わざわざ、「不幸の電車」に乗る必要はありません。

では、どうすれば不幸の電車から降りることができるのか。

そこで、建築医学の登場というわけです。

例えば、「色が心に与える影響は大きい」「その中でも暖色系の色は幸福感を感じやすい色である」ということを知っておくだけでも未来を変えられる確率は上がるはずです。

建売住宅は決して悪い商品ではありませんが、もし、建売住宅に免疫を下げるような化学物質が使われていたら、思わぬ病気を引き起こすかもしれません。そうすれば、住宅ローン以外に病院に払うお金が増えてしまいます。

「住宅の化学物質が人体に与える影響」を少しでも知っておけば、もし仮に病気になったとしても「家に問題があるかもしれない」と疑問を持つことができます。

しかし、そういった知識がなければ、疑問を抱くこともできません。

そして、病気の治療で余計な時間もお金もかかってしまいます。

「知っていれば対応できる、対策できる」ものも、知らないがゆえに、全然違う可能性を探ってしまったり、原因追求のためにいたずらに時間が過ぎてしまうということもあるでしょう。

それを防ぐためにも、建築医学の知識を持ち、みなさんに幸せな暮らしを送っていただきたいのです。

私は建築医学とは、命の損失を防ぐ学問だと認識しています。いかに命の損失を防ぎ、限りある人生を有意義に過ごすか。みなさんにも、そのことを考えるきっかけにしていただければ幸いです。

家は、命の次に大事なものという認識を

「家は命の次に大事なものですよ」。私はよくお客様にそう伝えています。大事なもの、という言葉は財産という意味合いもありますが、それよりも私は「家が人生をつくるくらい、大きな影響を与えるもの」という認識でいます。

しかし、普段生活していてまずこんなふうに考える方はいらっしゃらないでしょう。たとえ環境の悪い家に1日住んだからといって、すぐ病気になるわけではないからです。1年、3年、10年とその家で過ごしていった後、体調を崩すというケースのほうが多いのです。つまり、実際に住んでいる人は、気がつかないうちにこういった家からの悪影響を受け、不調を抱えてしまうのです。

このことを建築医学では「脳外環境が脳内環境をつくる」と呼んでいます。

外の刺激を五感で受けた場合、人体のパフォーマンスが上がるのか下がるのか検証してみると、寒さや暗さ、煩雑さといった悪い影響は、日々積み重なって結果として出ることが明らかになっています。

「建築が人体に大きな影響を与える」、そのことを私は身をもって体験しています。私自身も、住宅から受ける影響を実感し、家を3回建て直した経験があるからです。

初めて家を建てたのは、私が25歳くらいのとき。

道路の3m下に1階がある土地を購入し、新築しました。2階に玄関や主生活のためのリビングなどがある物件でした。新築でしたが、やはり道路から下がっている家は予想以上に悪い影響がありました。

日当たりが悪く風通しも悪い。さらには購入後数カ月で、なんと室内にカビが生えてきたのです。「なんでこんなに早くカビが出るんだろう……」と驚きを隠せませんでした。

当時も不動産関連の仕事をしていましたが、建築医学のことはまだ知らない頃。「もし売れるのなら売ろうかな」と漠然と考えていました。3〜4年ほどして買い手がつき、一度賃貸の戸建てに移ったのです。

「今度は注文住宅で家を建てよう」と考え、土地を探していたところ、整形の土地でそれほど高くない土地があったので、私の母親と、妻と子どもとで住むための二世帯住宅を建てました。

ほどなくして二世帯住居は完成。整形地で日当たりもよい場所。南側は家もなく開放的だったので、「今度は大丈夫だろう」と安心していたのです。

しかし、またしても家の中にカビが生えてきてしまったのです。「なぜだろう」と思いながら近所の方たちに話を聞いてみると、なんと「昆さんが住んでいるあたりは昔、沼だったのよね……」と言うではありませんか。

驚きました。湿気が強く、地盤の悪いところだなんて住んでいてまったく気づかなかったからです。

2軒目の二世帯住宅では、思わぬ人生の障害にもぶつかりました。会社を辞めたり、私の母親と同居したことで家庭内がぎくしゃくしたり。こういった状況が続き精神的においつめられる日々を過ごしたのです。

「もう少し環境の違うところに移ったら、今の状況よりもよくなるかもしれない……」。

そう思い始めた頃、ちょうど高台で海が見える東傾斜の土地情報が入りました。

私は「ここを買おう」と決断。3軒目となる住宅を建てました。日当たりも見晴らしもよかったのですが、この3軒目は地下1階部分と木造2階建て。さらに屋上をつけていたため、4階建てくらいの高さになっていたのです。

あるとき娘が、「この家、バルコニーに立つと吸い込まれちゃいそう」とポツリと言いました。高い建物で、落ちてしまいそうな怖さがあったのかもしれません。


「この家のつくりが子どもたちにとって恐怖を与えてしまっているのかも……」

せっかく建てた家にもかかわらず、本当に満足いく家に巡り合っていない、そんな気持ちがしていました。

「なにがいけないのだろう?」

「本当に良い建物とはいったいなんなのだろう?」

その答えを探して、私はさまざまな書籍や建築に関わるセミナーに出向き情報を集めたのです。

そこで出会ったのが建築医学でした。

建築医学の講演会で事例として紹介されていた、家族に起こったトラブル、精神面の不調など、これらに多くの心当たりがありました。

「建築医学の考え方に基づいた家を建てたい」という思いと、建てた家をモデルルームとしてみなさんに見てもらいたいな、という2つの気持ちが芽生えてきました。


そこで、4軒目の家を建てる際には、自分の考えを一切入れずに建築医学の理論や考え方をベースにお任せする形で建てていただきました。

お願いしたのは、ただ2つ。「家族が健康で過ごせるような家を建てたい」ということと「事業が安定するような家を建てたい」ということでした。

その結果、子どもたちも自分が進みたい道で力を発揮し、おかげさまで私も事業が軌道に乗り安定した毎日を送っています。


私のように4回も家を建てたからこそわかったことがあります。

それは、「住環境は自分や家族が幸せになるためになくてはならないもの。命の次に大事な、命を守るものなのだ」ということ。

建築医学では、家を建てる際「どんな目的で家を建てるのか」を何回も深掘りしていきます。そうすることで、家を建てる当事者も、自分の幸せが何なのか、次第に輪郭がはっきりしてきます。

人によっては「家族が幸せに暮らせる家」と答えるでしょう。あるいは「自分の趣味を充実させたいから」と答えるかもしれません。

やはり私は、家を建てる目的は、「自分の人生を輝かせるため」であるべきだと思います。

今、多くのみなさんが家を建てる理由で「子どもが生まれて手狭になったから」とか、「駅から遠いから近い家がいい」と言われます。しかし、そういった利便性は、本当の理由ではありません。

ご自身が「どうしたら幸せなのか」、その点を考えたうえで家づくりをしてほしいと切に願います。

健康にいい家は、色、形、照明、素材、間取りが大事

ここまでお読みになって、「建築医学とはどういったものなのか」「なぜ大切なのか」をご理解いただけたらとてもうれしく思います。

では、実際に自宅に建築医学を取り入れる場合、何をどうすればよいのか。

家族みなさんが末長く健康でいられる家を目指すにあたって、特に大事にしていただきたいのは色、形、照明、素材、間取りです。それぞれポイントをご紹介しましょう。

色

人の心や脳に大きな影響を与える色彩は、建築医学で重要視する要素のひとつ。効果は、色によってさまざまです。そのため、「どの部屋に何色を使うか」がポイントとなります。

例えば、「赤色」は交感神経を高めてやる気を出したり、体温を上げたり、発奮させたりする効果があります。リビングなど活気を生み出す場所や、少し寒い部屋などに、ワンポイント的に使うのがよいでしょう。一方で、ゆっくり休むための寝室に使ってしまうと、気持ちが昂って寝つきが悪くなったり、心が落ち着かなかったりするので、気をつけてください。

リビング全体に使う色は、同じ暖色系でも「オレンジ色」「黄色」「ベージュ」など、あたたかみやぬくもりが感じられる色がおすすめです。そのような色は、気持ちが明るくなり、緊張がほぐれてリラックスしやすくなります。

建築医学で建てた我が家も、リビングの壁紙は薄いオレンジ色で統一しています。さらに外観も、最近ベージュからオレンジに塗り替えました。帰り道に家が見えてくると、やはり「ああ、我が家に帰ってきたな」と落ち着きます。


仕事や勉強をする書斎には、「青色」がぴったりです。特に、薄いブルーは、集中力や理解力を高める効果があります。

2016年に開催されたリオデジャネイロ・オリンピックでは、陸上のトラックに青色が使われていたのを覚えていらっしゃいますか？

一般的にトラックの色は赤茶色ですが、ブルーにしたところ選手から「集中しやすい」「良い記録が出やすい」という意見が出たとか。実際に新記録も多く出ました。私はリアルタイムで競技を見ていて「やはり、色のもたらす効果はあるのだな」と驚いたのをよく覚えています。

精神状態や考え方を自発的に変えるのは、簡単なことではありません。ですが、色の効果を活用すれば、自然とポジティブになれたり元気になれたり、明るくなれたりします。逆効果のある色には注意しながら、うまく取り入れてみましょう。

そのほかの色についても、いくつかご紹介しておきます。ぜひ、色選びの参考にしてみてください。

黄色……好奇心や向上心が高まり、夢や希望が湧いてきます。リビングや子ども部屋にも。
緑色……心がおだやかになり、人との協調性が高まります。観葉植物の緑も◎。
黒色……ネガティブな考え方、心理状態に向かいやすくなります。
白色……緊張感を高め、イライラしやすくなります。特に壁紙にはおすすめできません。

形

次に、どんな形がよいかです。

これは、「曲線」「丸いもの」、これに尽きると思っています。

一般的な建築物は、すべてといってよいほど、直線でできていますね。ですが直線は、脳への刺激が少ないため、生活が無機質で単調なものになりがちなのです。

ではどうするかというと、丸い家具を置いたり、家の中に曲線をつくったりします。

例えば、建築医学で推奨しているのは丸いダイニングテーブルです。ソファの横に置くローテーブルなども丸いものを選ぶとよいでしょう。

また、建築医学においては、壁や収納スペースなどの角を面取りして丸めたり、コーナー部分には後述する「ニッチ」をつくったりして、部屋の中に曲線を積極的に取り入れます。形ではありませんが、リビングなどのフロアに高低差（ステップフロア）をあわせてつくると脳にも刺激を与え、なお良いでしょう。

「曲線」や「丸いもの」は、やわらかな印象を与えます。

白色を例に考えてみましょう。直線的な壁に白い壁紙を使った場合、人は無意識にネガティブな感情を抱きます。しかし、「白い花」「白い雪」「白い雲」などを見ると美しいと感動したり、心が満たされたりする方が多いでしょう。これは、ふんわりした花や雪、ふわふわした雲が曲線的であるからこそだと思うのです。
人間の身体を考えても、直線的な部分はひとつとしてありません。つまり、曲線的なものは「自然」であり、直線的なものは「不自然」といえるのです。

はるか昔、人間が最初の住居として建てた「竪穴住居」は、木の骨組みに植物や土をかまくらのように覆いかぶせたものでした。室内は適度な温度や湿度を保つことができ、とても過ごしやすいつくりだったようです。誰に教わるでもなく、実際に住んで快適さを求めながらつくり上げた家。曲線的なデザインも、そうした生活の知恵から生まれたものなのではないかと感じずにはいられません。

そのような「自然な家」と、現代の人工的で「不自然な家」とでは、人に与える影響はまったく違うのだと思います。その最たるものが、まさに直線だけでつくられている高層マンションではないでしょうか。
そうした現代の家に、曲線を取り入れようとするとどうしてもお金や時間がかかります。

家はこの先何十年も、ご自身やご家族と過ごす場所ですから、本来はお金がかかってもより良くするべきだと思います。とはいえ、やはり人は費用が安いほうや完成が早いほうに魅力を感じてしまいがちです。

また、職人さんに依頼したところで、曲線は手間がかかりますから嫌がる職人さんも多いと思います。それに、住宅メーカーは「安くつくってお客様を喜ばせよう」と考えますから、最もコストが下げられるプランをすすめてきます。

そういったことが重なって、結局、直線的な家ばかりになってしまうのです。

実は私も、建築医学を知ったとき、「なんて無駄が多い家なのだろう」と思ったのです。わざわざ高いお金を払って、曲線をつくる。場合によっては、そのために部屋が少し狭くなることすらあります。

ですが、実際に家を建ててみて感じているのは、これは「無駄」ではなく「ゆとり」なのだということ。一見無駄に見えるようなところをあえてつくったおかげで、私自身毎日心おだやかに余裕を持って過ごせている。心のゆとりを持つ、未来をつくるためだったと理解できました。

収納スペースひとつをとっても、正直な話、真四角につくったほうが物はたくさん収納できます。角を丸めてしまうと、その分、収納量は減ってしまう。ですが、自分の部屋に入ってすぐ壁があるという、いわゆる「前頭葉圧迫型」の部屋の場合、角を丸めるだけで部屋に入ったときの視界が一気に末広がりになり、圧迫感がなくなります。これも、決して「無駄」ではなく「ゆとり」に向かった有意義なリフォームといえるでしょう。

曲線を生み出す方法として、先ほど挙げた「ニッチ」を設置する場合もあります。ニッチとは、壁をくり抜いて板を置いた飾り棚のようなもので、花瓶や絵などを置くことができるくらいのスペースを取ります（口絵iiページ参照）。

建築医学では、直線の壁の角になっている部分をうまく利用してニッチをつくり、内側の上部から照明をあてて明るくします。そうすることで、人の視線は角よりもニッチのほうへ向くのです。特に、「入隅《いりずみ》」といって家の内側に入る角には、ニッチを設置して視覚から受け取る情報があたたかくやわらかいものになるようにしています。

賃貸物件などで、ニッチをつくったり、角を丸くしたりできない場合は、角の隅に観葉植物や間接照明を置いてもいいでしょう。角の部分を鮮やかにしたり、明るく照らしたりすることによって空間が丸くなり、良い気が回りやすくなります。

また家の中は、角と同じくらい壁や柱といった直線的なものがあります。直線の多い家は脳への刺激が少なく、生活がマンネリ化しがちです。新しいことに挑戦したり、斬新なアイデアを考えたり、といったことが億劫になることもあるでしょう。

そこでもニッチが役立ちます。

季節に合わせた草花を飾ったり、好きな絵や写真、オブジェを月替わりで置いたり。暮らしの中にそのようなちょっとした変化があると、脳は刺激を受けて活性化します。特に、成長過程のお子さんがいるご家庭では、取り入れていただきたい方法です。

家は「くつろぐ場所」であることは大前提ですが、今の時代は「働く場所」や「学ぶ場所」でもあります。つまり能力を発揮したり、知識を育んだりする場所でもあるわけです。心地よさやくつろぎの中に、刺激のスパイスを少し加える。ぜひそうしたバランスも意識してみてください。

照明

光は使いようで、同じものでも良い印象を与えたり、悪い印象を与えたりします。例えば、白い壁紙でも、照明を電球色にしただけでベージュに見える。つまり、脳が錯覚を起こすのです。人の印象や色の感じ方を良くも悪くも変えてしまう。そう考えると、照明の影響力は軽視できないと感じます。

そういった前提をふまえたうえで、私はどんな部屋の照明も暖色をおすすめしています。「電球色」といわれるオレンジ色のあたたかな光は、人の顔色がよく見えて健康的な印象を与えます。日本の住宅では、寒色系の真っ白な光がよく使われますが、白い光は冷たく寒い印象を与えます。特に人の顔に当たると青白く見えて、恐怖や具合が悪そうな印象を与えてしまいます。このような状況では、ちょっとしたことでイライラ・ピリピリしやすくなり、つい余計なことを言ってしまうなど人間関係が悪い方向にいきがちです。

あたたかい光が照らす家は、みんながおだやかで人間関係が良好になります。

一人ひとりの表情が元気に見えて、やわらかな雰囲気に満ちた空間では、無駄にイライラすることはありませんし、相手を思いやる余裕も生まれます。また、夜は睡眠物質であるメラトニンを出すためにも、寝室にはオレンジ色の電球色を用いるようにしましょう。

建築医学では、色だけでなく照明の位置にもこだわります。例えば、トイレの照明は天井には取り付けません。ブラケットライト（壁照明）をコーナーに取り付けて、やわらかみを出します。

寝室の照明も、枕元や顔、頭の真上ではなく、ベッドに寝たときの足側の天井につけます。これは、光によって交感神経を昂らせないためです。寝室の目的は寝ることですから、おだやかな光で副交感神経を優位にすることが大切です。できたら、調光機能のある照明でだんだんと暗くしていくのがおすすめです。

照明も、部屋の目的を考えながら、色や位置を決めていきましょう。

素材

壁紙の素材でいうと、ビニールクロスよりも珪藻土などの天然素材をおすすめします。

これまでもお伝えしてきたように、ビニールクロスは空気を通さないので、湿気がたまりカビが生えやすいというデメリットがあります。健康への影響を考えれば、調湿効果や脱臭機能がある素材を選びたいものです。

床の素材もよく聞かれますが、建築医学ですすめているのは「じゅうたん」です。なぜなら、足に伝わる冷たさを遮断して、やわらかい感触を与えられるからです。

フローリングやタイルの床は、冷たく固いですね。冷たいことはもちろん身体によいことではありませんが、固いことにもまた人間はストレスを感じるのです。

例えば、寒い季節に朝起きてベッドから降りるとき、足を下ろす場所が固くてヒヤッと冷たいのと、じゅうたんなどを敷いてやわらかくあたたかいのとでは、ストレスの度合いが変わってきて、1日を過ごす気分がまったく違います。

じゅうたんは、ホコリを気にされる方がいらっしゃるでしょう。これは勘違いされやすいのですが、実は、じゅうたんはホコリを吸ってくれるので、ホコリが室内に舞いにくいといわれています。むしろフローリングのほうが、ホコリが舞いやすいのです。

お客様の中にも、ホコリを心配されている方がいましたが、実際にじゅうたんを敷いてみたら「もうじゅうたん以外は考えられない！」とおっしゃっていました。それほど、じゅうたんにして住環境が改善されたというのです。

また、じゅうたんは滑りにくく、安全面でもメリットがあります。我が家は、階段にもじゅうたんを敷いて、転倒防止の工夫をしています。

ちなみに、ひと昔前に、「コンクリート打ちっぱなし」のマンションが流行しましたが、コンクリートも素材としてはおすすめできません。

直線で色味もないコンクリートは、脳への刺激が乏しいだけでなく、そのような家に住んでいると心がだんだん殺伐としてきます。実は、コンクリート打ちっぱなしは、売却相談が多い住宅のひとつです。やはり、心や身体に何かしらの不調を感じている方が多いのでしょう。

間取り

間取りについては、住居タイプによって自由度が異なりますから、戸建てとマンションそれぞれのポイントをご紹介しましょう。

まずは、戸建てです。

もし新築で間取りを決められるのであれば、階段の位置には注意してください。玄関の真正面に階段をつくってしまうと、前述の通り、家族との関係性が悪くなる傾向があります。お子さんの不登校や自殺などが起きた物件に多い間取りです。悪い気や冷気が室内に入り込みやすいことも影響しているでしょう。

最も良いのは、階段をリビング内に設置することです。そうすれば、お子さんは必ずリビングでご家族と顔を合わせてから自分の部屋へ行くようになりますから、コミュニケーションが活発になりますし、様子の変化にも気づきやすくなります。


また、繰り返しになりますが、玄関はひとつの部屋としてとらえ、扉や仕切りをつけた「玄関室」とするのがおすすめです。悪い気や冷気を遮断するとともに、仕事モードからリラックスモードへの切り替えがスムーズにできるため、よりくつろげる家になります。

欲を言えば、シューズクロークのスペースもつくっていただきたいところです。

家の入り口である玄関が、脱ぎっぱなしの靴やアウトドア用品などで雑然としているのは、気持ちがよいものではないですし、視覚からストレスを受けます。靴やいろいろなものを多目的に収納できる場所があれば、いつもきれいな玄関で、気持ちよく出発や帰宅ができるでしょう。

お子さんの勉強するスペースは、リビングにつくるのがおすすめです。スタディコーナーとして、机を置くだけでもOKです。

「リビング学習」がよいというのは、数年前からさかんにいわれています。「近くにお母さんやお父さんがいる」ことが、大きな理由のようです。勉強でわからないことがあれば聞くことができますし、親御さんの姿が見えたり、ぬくもりを感じたりすることで、お子さんは安心できるでしょう。

この安心感がポイントです。

ある研究では、勉強するにあたり、緊張感を持って取り組むよりも、リラックスして安心感を持った状態で取り組んだほうが、集中力はより持続することが明らかになっています。

実際、東大や京大、早稲田、慶應といったいわゆる偏差値の高い大学に通っている学生の多くは、リビング学習の経験があるといった調査結果もあるほどです。

次に水回りです。

浴室は、2階につくるのが理想的です。なぜなら、1階よりも人の視線が入らず、防犯上安心だからです。また、2階に寝室がある場合は、あたたまった身体を冷やさずに寝ることができます。犯罪にあいやすい家は、1階の道路側に浴室などの水回りがある間取りです。道路から屋内の状況が観察されやすいためだと考えられます。

トイレは、可能な限り幅にゆとりを持たせましょう。一般的なトイレの幅は90㎝ほどで、座ると左右のスペースはほとんどありません。そうしたスペースに余裕のない圧迫感のある場所に入るというのは、知らず知らずストレスになっているのです。

そこで建築医学では、幅を120㎝ほどゆったりと取るケースがほとんどです。リラックスすることで、トイレの目的である排泄をスムーズに済ませられるからです。

いくら新築の戸建てといっても、間取りの自由度には限界があります。ご紹介したすべてを実現するのは、おそらく難しいでしょう。1つを実現しようとすると、もう1つにしわ寄せがくる。そんなこともあると思います。

ですが、悲観的になる必要はありません。できるものを1、2個取り入れるだけでも、家の雰囲気はだいぶ変わってくると思います。

「今は子どもが思春期だから、階段の配置やスタディコーナーを優先しよう」「これから年齢を重ねて健康に不安があるから、トイレにはゆとりを持たせよう」など、現状に合わせてつくり、あとからご家族の変化に沿ってリフォームなどで変えていくという方法もあります。今の自分のライフスタイルに合わせてトータルで見て、ストレスの低い住宅を目指せるといいでしょう。

ただし、「トイレにゆとりを持たせすぎて、自分の部屋が狭くなってしまった」といった事態は本末転倒になってしまうので避けたいところ。プロにプランニングを相談するなど、第三者の意見も参考にしながら、慎重に間取り決めを進めていきましょう。

次にマンションの場合です。

基本的に間取りを変えることは難しいですから、私たちがよく行うのはこれまでご紹介してきたような「壁紙を暖色系に変える」「照明をあたたかな光に変える」といったことです。ご家族のコミュニケーションが円滑になる間取りにするために、キッチンを対面式にするケースも多いです。

マンションの場合は、特に明るさや温度に気をつけます。北側に玄関や部屋がある居室は、どうしても暗く寒くなりがちですから、あたたかな色合いの壁紙や照明を選ぶようにしています。

日当たりの悪い部屋があると、そこを物置部屋にしたり、なるべく立ち入らなかったりして、「活用できていない」というお宅が多いでしょう。また、積極的には使いたくないけれど、きょうだいが多いから仕方なく子ども部屋として使っている、という場合もありますよね。

その場合、太陽光に近い照明を、活用してみてはいかがでしょうか。太陽光を浴びることで分泌されるセロトニンは、精神を安定させて脳を活性化させる効果があります。日の当たらない部屋には、そうした照明器具をおすすめすることもあります。

ただし、何といっても実際の太陽光が一番ですので、もしお子さんにネガティブな様子が見られたら、日当たりのよい部屋に移動させてあげるなど、臨機応変に対処できるとよいですね。また、寒さは脳や身体に悪い影響を与えますから、寒さ対策は十分にしてあげてください。

マンションについては、「どの階に住むのがいいですか？」と尋ねられることも少なくありません。個人的には、2〜5階がおすすめです。1階よりも防犯性が上がり、高層階よりも安全だからです。

特に、3階くらいまでは室内から外の樹木が見えるかもしれません。「自然を感じられる」家は、それだけで心身がおだやかになるため、ポイントが高い家といえるでしょう。

間取りに関係して、お話ししておきたいのが「扉」についてです。

建築医学において、玄関は家の「顔」。外の世界から帰ってきたとき、いきなり生活感に飲み込まれることなく、リラックスモードに切り替えられるように。家にいるときは、外部からの目線や悪い気を避けて安心して過ごせるように。できれば扉をつけて「玄関室」として独立させ、ほかの部屋とは分けたほうがよいとお伝えしました。

扉をつける意味はもうひとつあります。

それは、健康や精神にネガティブな影響を与える「寒さ」を防ぐためです。北海道など寒い地域では、玄関の外側に「風除室」や「玄関フード」と呼ばれるような空間が設けられています。これは、玄関を二重にすることで、冷たい風や雪が直接家に入り込まないようにするためのものです。

もちろん雪国でなければ、そこまで頑丈にする必要はありませんが、玄関から部屋に入るまでに1枚扉があるだけで室内はとてもあたたかくなります。

そういう意味でも扉はとても重要だと私は考えています。

もし扉をつけられない場合は、パーテーションを置く、暖簾をかけるといった方法もいいでしょう。寒さ対策にはならないかもしれませんが、帰宅時に受ける生活感を軽減させたり、外部の視線を防いでプライバシーを守ったりするには有効です。

ぜひ、脱衣所がない家に住んでいる場合、パーテーション等の設置を検討してみてください。前述のように、お風呂の際に脱衣するスペースがないと、いつも人の視線が気になって安心して過ごすことができません。そればかりか、だんだんとその状況に慣れてしまうと、羞恥心がなくなっていく恐れもあります。

狭くてもいいので、パーテーションを組み合わせるなどして脱衣できる場所を確保しましょう。

建築医学では、それぞれの部屋がそれぞれの目的をきちんと果たしていることが、良い状態であり、部屋と共鳴する身体や精神の健康につながるとされます。

部屋を区切ることは、それぞれの部屋の目的をはっきりさせる意味でも効果的です。リビングに入るときは「くつろごう」、寝室に入るときは「ゆっくり寝よう」といった気持ちの切り替えができるでしょう。

すると、より過ごしやすい家になるだけでなく、「部屋が白すぎて、何だか疲れるな」「あれ？　ゆっくり寝る部屋なのに、赤い壁紙は落ち着かないな」など、家の違和感にも気づきやすくなると思います。

玄関以外の部屋でも、ドアやパーテーションなどを上手に活用して「区切ること」を意識してみてください。

「寒さ」対策としては、ガラスを見直すのも一案です。

特に、築年数が経っている古いマンション、団地などは、窓に1枚ガラスが使われていることが多く、室内が寒くなりがちです。

その場合、既存の窓の内側に取り付けられる内窓がおすすめです。二重サッシになるので断熱効果が上がり、室内のあたたかい空気を逃さず、屋外から伝わる寒さは防ぐことができます。暖房費の節約にもつながります。

また結露ができにくくなるため、水滴を拭き取る手間がなくなったり、カビの発生を抑えたりできるのもメリットといえるでしょう。ちなみに夏は冷房の冷たい空気が外へ逃げにくくなるので、冬も夏も過ごしやすくなります。

寒い家で最も怖いのは、温度差によるヒートショックです。

繰り返しになりますが、ヒートショックとは、あたたかい部屋と寒い部屋を移動するときに起こる血圧の乱高下の現象です。最悪死に至ることもあり、とても危険な症状のひとつです。

多少コストはかかっても、健康への影響、そして暖房費や冷房費が節約できることなどを考えれば内窓の設置はメリットのほうが大きいでしょう。

近年は、電気供給量が逼迫して節電が呼びかけられることも多くなりました。冷暖房を控えようなんて話も聞きますが、そうすると余計にヒートショックのリスクが高まるのではないかと私は思っています。なぜなら、そうした環境で過ごしていると寒さや暑さに慣れてしまうからです。

よく高齢者が、真夏に冷房をつけず熱中症になったとニュースになることがありますが、それもおそらく暑さに慣れてしまっていることが影響しているのではないでしょうか。

建築医学を勉強していると、「慣れる」ことの怖さを改めて実感します。私は、あたたかい家に住んで13年になりますが、ほかの家に行くと寒い家が多く、住んでいる人は寒くないのかな？と思います。しかし、住んでいる人は、家の中が寒いとは感じていないようで、確かに私も以前住んでいた家が寒い家だったということは、今のあたたかい家に住んで初めてわかりました。

悪い間取りも慣れてしまうと、どんどん体や心の調子が悪くなっているのに気づかない。暑さ、寒さも同じで、慣れるとそれが危険なレベルに達していても気がつかないのです。「感覚機能が狂ってくる」といってもいいかもしれません。日本人、特に高齢の方は我慢強い人が多いですから、気をつけていただきたいと思います。

もし、家の中でコートやジャンパーを着なくてはいけないほど寒いのであれば、それは家が役割をきちんと果たしていないといえます。暑さ、寒さをしのげて、安心してくつろげる場所。これが本来の家の役割なのです。

寒ければ、厚着をするのではなく室内をあたためる方法を見つけましょう。

アンティークは触らないのが基本

古い家具や人形など、アンティーク品がお好きな方は多くいらっしゃると思いますが、建築医学の観点からいうと、インテリアに用いるのはあまりおすすめできません。

なぜなら、物には使った人のネガティブな「残存エネルギー」が残りやすいからです。

といっても、残留エネルギーは、必ずしもネガティブなものだけではなく、明るく楽しく人生を謳歌して発展していった方が使っていた物であれば、ポジティブなエネルギーを帯びている場合が多いでしょう。

それでも私がアンティーク品をおすすめしないのは、「以前どのような持ち主が使っていたのか知ることができない」物は、帯びているのがポジティブなエネルギーなのか、ネガティブなエネルギーなのかがわからないからです。

前の持ち主がどんな方かわからない物は、「買わない」「飾らない」「もらわない」、そして「触らない」ことをおすすめします。

「そこまで考えたほうがいいの？」と思うかもしれませんが、特にアンティークは物によっては高価ですし、せっかく気に入って買った物なのに、その後良くないことが起きたときに「きっとこのせいだ」と思うのも嫌ですよね。また、残留エネルギーがどんな悪さをするのか見当もつきません。「君子危うきに近寄らず」ではありませんが、やはり避けたほうが賢明なのです。

なお、アンティーク商品に限らず人形や動物の剥製なども同じと考えてください。人形は、特に人の魂が宿りやすいといわれます。「髪が伸びる人形がある」といった話は、誰でも一度は耳にしたことがあるでしょう。

また剥製は、言い方を変えれば「死体」です。生きている人間の住む場所に死体があるというのは、やはり不自然ですし気分が上がるものではありません。趣味で集めている方にはなかなか言いづらいですが、剥製も飾るのは避けたほうがよいでしょう。

実際、事故物件や何か問題があった物件を見にいくと、アンティーク家具のほか、剥製、フランス人形や日本人形などが飾られているケースが多くあります。

そのたびに「あ、この家にも置いてある」「やっぱり……」と思ってしまいます。はっきりした因果関係がわかっているわけではありませんが、住む人に何かしらマイナスの影響を与えているのは間違いないのではないかと感じています。ちなみに、アンティークの雰囲気がお好きであれば、「アンティーク風の新品の物」を置く分にはまったく問題ありません。

古材にも注意を

意外なところでは、古材にも注意が必要です。

建築業をされている方に伺った話では、最近の流行として、あえて古材を使ってリフォームしたり、家を建てたりされる方もいらっしゃるのだそうです。しかし、古い木材や金属もアンティークと同様で残留エネルギーがあります。

「前に自分が住んでいた家の柱」など、持ち主が明らかになっていて、ネガティブなエネルギーがないことがわかっている場合をのぞき、避けたほうが無難です。なお、家の場合も、材料は新しいものを使用して「アンティーク風」「レトロ風」にするのはOKです。安全面を考えても、そのほうが安心でしょう。

アンティークの話をすると、よく「大好きだったおばあちゃんの形見も飾っておいてはダメですか？」といった遺品に関する質問を受けます。

お身内の遺品であっても、これまでお伝えしてきた残留エネルギーの考え方は変わりません。もしネガティブなエネルギーが宿っていそうであれば、飾ったり持ったりしないほうが安全です。

とはいえ、思い出の品は大切にしたいものです。遺品であれば、1年に1回、命日に取り出して故人を懐かしむ、供養する、それくらいであればよいと思います。

気をつけなければいけないのは、「執着」で持ち続けることです。

「これはあの人の物だから、絶対に大切にしなきゃいけない」といった執着の気持ちは、ネガティブに作用して、物にさらに悪いエネルギーが宿ってしまうことも考えられますから注意しましょう。


「心地よいもの」「心安らぐもの」「ポジティブな気持ちになるもの」が、心や身体に良い影響を与えるというのは、間取りもインテリアも物もすべて同じです。例えば、人形でも見ているだけで癒やされるような、かわいいぬいぐるみはむしろポジティブな気持ちにさせてくれるでしょう。

逆に、「これがあると何だか落ち着かない」「イライラする」「ネガティブな気持ちになる」といったものは、新品だったとしてもご自身に悪い影響があるかもしれません。

建築と健康との関係とは

風にゆれる木々の緑や鮮やかな花々、澄んだ空気や水。自然の中に入り込み、自然の景色を見れば、誰だって清々しい気分になり、心が落ち着きます。ネガティブになったり、イライラしたり、誰かと争おう、いがみあおうといった気持ちにはならないはずです。

つまり、シンプルに考えると人間の心は、見るものと共鳴しているのです。きれいなもの、良いものだけを見ていれば、心もきれいになる。

建築医学は、それを「家で実践している」ともいえます。目に入るものが自然で気持ちのよいものだから、意識しなくてもやわらかくおだやかな気持ちで過ごせるのです。

逆のこともいえます。散らかったもの、汚いもの、くさいもの、嫌な気分になるものばかり見ていれば、心も汚れますし、混乱したり、後ろ向きになったりもするでしょう。直線的、平面的な、自然とは反対の「不自然」なものに囲まれた生活も同じです。

私自身、建築医学を用いて建てたマイホームに住み、今年で13年。まさに今、そのことを実感しているところです。


繰り返しになりますが、私はこれまでに4回、家を建てています。

過去に建てた3軒と現在の住まいを比較すると、住み心地や体調はまるで違うと感じます。この13年間、仕事は変わらず続けていますし、暮らしぶりもそこまで大きく変わっていませんが、明らかに変わったのはイライラすることがなくなったことです。

身体の調子も良いですし、風邪や病気にもかかりにくくなりました。


特に改善されたのは、睡眠です。

以前と比べて非常に寝つきが良くなりました。眠りが深くなり、朝もスッキリ起きられます。これには、間取りなどももちろん影響していますし、引っ越しとともにベッドなどの寝具を一式変えたことも要因だろうと考えています。


一新したのは寝具だけではありません。

現在の家に住むにあたり、私は持っていた多くの家具を手離しました。以前の家から持ってきたものは、ほぼないといってよいほどの状態で住み始めたのです。

これには理由があります。

本書の最初のほうでお伝えしたように、人間は誰でも過去を繰り返しやすいからです。「建築医学で家をより良くしたい」。その思いをしっかり持って家を建てようとする私でさえも、頭のどこかには過去に自分が住んでいた家、使っていた家具、間取りなどが染み付いています。すると結局、また以前の家と同じような家が建ってしまうのです。


特に私は、前職で不動産業の営業をしており、建売住宅を長く販売していました。おそらく自分で家のプランニングを立てたら、自分に染み付いた間取りが邪魔して、より良い家はできないだろう。そう考えました。

例えば、スペースを無駄なく使おうと階段の下にトイレを入れ込んでいたでしょうし、直線と角ばかりの壁をつくったり、バルコニーも設置してしまうでしょう。「丸みを出そう」なんて1ミリも思わなかったと思います。ですから、現在の家のプランニングに、私の意見は一切入れませんでした。すべてを建築医学のプロにおまかせしたわけです。

ちなみに、建築医学的にバルコニーをつくるということは、開口部が大きくなるために外気の影響を受けやすくなり、室内が寒くなるのであまりおすすめしていません。

とはいえ、自分の家なのに自分が口を出さないというのは、かなりの度胸が必要でした。それでも決断できたのは、何より建築医学の勉強をしてそのメカニズムを理解し、腑に落ちたからだと思っています。

だからこそ、信頼してすべてをおまかせして家を建てられた。それが、私の中の住まいの意義、重要性を大きく変えたと思います。

また、家というものが自分や家族の健康に直結していることを強く実感することにもつながりました。

建築費用は、正直に言って安いものではありません。当時、建物だけで6000万円は超えていたと思います。家具やカーテン、照明などまですべておまかせしたので、トータルではそれ以上です。

今思い返しても、「あのとき、よく最後まで口を出さなかったものだな……」と自分でも驚くくらいです（笑）。

ですが、後悔は一切ありません。むしろ「口を出さなくてよかった」と思っています。なぜなら、おそらく建築医学に出会っていなかったら、私は今もなお以前の家に住み、ストレスや疲れなどに悩んでいたかもしれないからです。風邪をひく回数が多かったり、大病にかかったり、結果的に建築費以上のお金を病院に払うことになっていたかもしれません。

そして建築に口出ししていたら、せっかく新築で建てても、以前と変わらない家になっていたでしょう。

家を建てるとき、大半の方は「できるなら安く建てたい」と考えます。その気持ちは、とてもよくわかります。しかし、本当にそれでよいのか考えていただきたいのです。私がかつて不動産の営業マンだった30年ほど前、建売住宅を購入いただいたお客様と今でもご縁がつながっています。

その方のお宅は、いわゆる「寒い」家でした。

南側が畑で隣家もなく、強い風が直接当たる立地だったのです。関東地方ですから雪国ではないにもかかわらず、冬は雨戸が凍って開かないことがあるほどでした。10年前、その方のご主人がガンで亡くなられたと伺いました。闘病中は、国内外の抗がん剤を投与するために毎月40万円の医療費がかかっていたといいます。

この話を聞いて、私は思ったのです。病気のすべてが建築に起因しているとはいえませんが、ある程度の影響を与えていたのだろうと。

そして、闘病にかかった医療費と住宅の建築費用を比べてみました。

例えば、4年闘病した場合、累計約2000万円の医療費がかかります。

一方、断熱材をしっかり入れて気密性の高い住宅を建てるのにかかる追加費用は、約300万円。20年住むとすれば、10年で150万円程度、毎月に換算すると1万2000円程度にすぎません。

そのように考えれば、家を建てるときは「安いか、高いか」よりも「快適か、不快か」で判断をしたほうが、より良い人生を歩めるのではないかと思いました。

「断熱材を変える」といった大掛かりなことを、いきなりやる必要はありません。まずは、「寒さ」に注目して、フローリングにカーペットやラグを敷いてみたり、あたたかな色の照明に変えてみたり、ちょっとしたことでよいのです。

少しずつでも変化を実感できたら、だんだんと範囲を広げていく。

そんなふうにスモールステップを重ねながら、ご家族みなさんが、健康で楽しい人生を送れる家づくりを進めていきましょう。

カビ入り空気を毎日吸っている？

さて、建築医学では「心に悪影響を及ぼすものは排除する」という理論がありますが、実は心に悪影響を及ぼすものは、「視覚から入ってくる悪い情報」だけではありません。

私たちは普段「目に見えない因子」からも影響を受けているのです。

そのひとつがカビです。カビはお風呂やキッチンといった湿気の多い場所に出やすいと思いがちですが、湿気がこもりやすい「断熱材」にもカビは発生します。

断熱材とはその名の通り「熱を遮断するもの」で、簡単に言えば冬の寒さや夏の暑さを和らげる素材のことです。また熱が逃げにくい「保温」の性質も持っています。そのため、外壁と内壁の間に断熱材を入れれば、冷暖房の効きがよくなるということになります。

この断熱材ですが、私が知っている範囲内では、建売住宅では、国の都市計画法に基づき、ある一定の基準さえ満たせばいいことになっています。

地域にもよりますが、一般的にはグラスウールと呼ばれる断熱材を厚さ50㎜しか入れていない場合もあります。厚さ200㎜が新築住宅では一般的です。

また、ポリエチレンフォームという発泡プラスチック系の断熱材も注意が必要です。いずれの断熱材も必要最低限しか入れないと、家は外気温と中の室温との温度差で、壁の中で結露が起こってしまうのです。これを「内部結露」といいます。

この内部結露が厄介で、例えばグラスウールの場合、一度結露するとグラスウール自体が全部濡れてしまいます。するとグラスウールはその重さに耐えられずに、ずるっと下にずり落ちてしまいます。

もともと、断熱材はガッチリと入れ込むものではなく、施工の際には、ホチキスのような道具で板に打ち付ける程度です。そのため、断熱材に何らかの重さがかかると劣化してしまい、そこからカビが発生してしまいます。

さらにずり落ちてしまうと、上の空間は断熱材がない状態になってしまい、ますます結露が起こりカビやすくなるのです。

さらに怖いのはこうしたことが「壁に穴を開けない限り見えない」ということです。

実際は中でカビが大量発生しているのに、それを見る機会がない。だけど、数年前から家にいるとなぜか咳き込むことが多くなっている。「変だなあ」と思っているけれど、その原因が「家の中の見えない部分にあるカビ」だとは思いもしない……。実はこういった現象が残念ながら起きているのです。

また、カビが潜むのは断熱材の中だけではありません。壁紙もはがしてみるとカビが発生していたというケースが多くあります。

特にビニールクロスは空気を通しにくいため、結露ができやすくカビも発生しやすいのです。

壁紙も断熱材もカビているけれど、全然気づかずにカビを吸いながら暮らしている例が少なくありません。


では、このような場合、健康を害さないためにどう対応すればよいのでしょうか。

まず、大切なのは「住宅は湿気《しけ》りやすい構造である」という認識を持っておくことです。

そして適度に換気をすることです。

もし、予算がとれるようであれば「防カビクロス」への貼り替えなどを検討してもよいでしょう。

また、建築医学で推奨している「輝・キララ®」やほかの同様の自然素材の塗り壁材を使用するのもおすすめです。こちらの大きなメリットは、「調湿効果に優れている」という点です。

湿気が多くなったら壁が吸って、乾燥してきたら壁が湿気を出すという素材で、いつも湿度を40~60%という一番過ごしやすい状態に保ってくれます。

日本は季節によって湿度変化が多く、人体にとっても家にとっても大きな負担であることは間違いありません。

日頃から湿度にも意識をし、必要であれば換気をするなど家も人体にとっても「健康」な状態を目指したいものです。

出世も自殺も家次第――形態形成場理論

さて、見えない「影響」でお話ししておきたいのが「形態形成場理論」です。

形態形成場理論とは、簡単に言えば「あらゆる物質からはエネルギーが出ていて、人間はその影響を少なからず受けている」ということです。しかも、そのエネルギーによっては悪い影響を受ける場合もあるというのです。


これを建築業界に置き換えて考えてみると、「何をやっても儲からない立地」が例として挙げられます。

みなさんも「2～3カ月で店がどんどん変わる場所」や、「何をやっても長続きせずすぐ店がつぶれてしまう」、そんな場所をみかけたことがありませんか？

不動産業界では「何回も競売物件になってしまう場所」や「この土地に入居した人は必ず住宅ローンが払えなくなってしまう」「離婚で手放した物件を買った別の夫婦がまた離婚した」「バルコニーで首吊り自殺した家を壊し、新しく建て直したものの10年後にそこに住んでいる人がバルコニーで首を吊った」というなんとも不思議な話が実際に多くあります。

大島てる氏も、「同じ場所で同じような事故は何回か起こる。その現場を実際いくつも知っている」と言っていました。

では、なぜそうなってしまうのでしょうか。

これは、そこに残っている残留エネルギーが、影響を与えていると考えられています。残留エネルギーがまた同じことを繰り返させてしまう。あるいは、似たような性質の人を引き寄せるのかもしれません。

こういった「目に見えない」エネルギーは、もちろん良い方向に働くこともあります。例えば、「このアパートの部屋に住んでいる人はみんな出世していく」「プロ野球選手の寮でスター選手が過ごした部屋は成績がよくなる、うまく打てる」という話を聞くこともあります。

手塚治虫をはじめ有名な漫画家を次々に輩出したアパート「トキワ荘」もまさに、このいいエネルギーを受け取り続けたといっていいでしょう。形態形成場の理論とつながる場面は、このようにいろいろな事例で多くあるのです。

そこで私が提案したいのは、「物件を選ぶ際、前の人がなぜこの物件を売ったのか、その理由を不動産会社に確認すること」です。

物件を売る理由が、発展してさらに良い家へ移るために退去するからなのか、それとも衰退して退去するからなのか、あるいはその家で病気になったからなのか。発展する家を選べばその良い残留エネルギーをのちに受け取る確率が上がるでしょう。

実際、お客様から購入検討の際に「売り理由」を聞かれることが多くあります。よくある売却理由は「家が手狭になった」や「家族構成が変わった」といった一般的なものですが、これから物件を選定する方は、以前のお住まいの方の情報を不動産会社の担当者などから、教えてもらえる範囲でいいので教えてもらい、購入の判断基準としてもよいかと思います。

もちろん、発展していった建物に住んでもきれいに気分よく暮らすことを心がけて使わなければ良い未来にはなりません。こちらも、物件を選ぶ際の参考にしていただければ幸いです。

気をつけたい「目に見えない」影響

「目に見えない」影響についてお話ししてきましたが、ほかにも私たちはさまざまな影響を受けています。ここではいくつかご紹介いたします。

電磁波

私が特に気をつけていただきたいと考えているのが「電磁波」の影響です。

電磁波は目には見えませんが、睡眠障害や自律神経失調といった影響があるといわれています。

海外では電磁波に関する理解が進んでいて、スウェーデンでは、高圧線の下には家が建てられないことになっています。高圧線下の強い電磁波が人体に悪影響を及ぼすととらえられているからです。

電磁波は私たちの生活にも多くあります。前述していますが、エレベーターもそのひとつでしょう。エレベーターに隣接している部屋を寝室にしていた方が難病にかかったという話も聞いたことがあります。

電信柱も注意が必要です。特に強烈なのは、変圧器のある電柱です。

また、携帯電話の基地局や、さらには線路沿いなども電磁波の影響を強く受けます。ちなみに電車に乗っていても、電磁波の影響があるため、私は個人的に新幹線では窓側よりも通路側の席に座るよう心がけています。

私たちが普段欠かさず使用している携帯電話やパソコン、電子レンジやＩＨ製品なども電磁波を発生させています。

携帯電話をワイシャツの胸ポケットに入れている方もいらっしゃるでしょうが、これは今すぐやめることをおすすめします。心臓に近い部分に電磁波をあて続けるのは、悪影響になる可能性があるからです。

さらには、就寝時枕元に携帯電話を置かないよう建築医学ではすすめています。電磁波にさらされている現代だからこそ、できるところからこうした影響にも気を配りたいものです。

立地

立地からも見えない影響は受けています。

まず避けていただきたいのは湿気の多い沼や川の近くです。

水害が起こりやすい、という理由もありますが、何より湿気が多く「カビやすい家」になってしまうからです。前述したようにカビは人体にとって有害なもの。できれば、カビが発生しやすい土地は避けたほうが賢明です。

また、まわりに住宅がなく、年中風が通り抜けていくような寂しい住宅地も避けたほうがよいでしょう。風が強くて窓を開けることが減り、引きこもり傾向を誘発させるからです。

立地に関しては、周辺環境という意味もあります。例えば病院やお寺、火葬場といった目に入って楽しくない景色がある場合、こちらも避けたほうがいいと思います。

また、高速道路や幹線道路といった交通量の多い場所も、注意が必要です。騒音や振動はもちろん、排気ガスは、しらずしらずのうちに人体にストレスを与えるからです。

カナダにあるオンタリオ州公衆衛生研究所等が行った研究によると、幹線道路から50m

未満の場所に住む人は、300m以上離れた場所に住む人に比べ、認知症の発症リスクが約7％高まったということがわかっています。幹線道路沿いは、交通の便などで確かに便利な側面もありますが、その一方でこういったリスクを知っておく必要があります。

道路絡みで避けたほうがいい例はほかにもあります。

それが、T字路の突き当たりにある家や、急カーブの先にある家です。

特に外カーブは道路が弓状になっていて、カーブ沿いに車が向かってくるため、常に批判されたり攻撃されていると脳が思い込んでしまうようです。

T字路もまた、問題がある家が多いものです。

4歳くらいの娘さんを虐待し、骨折しているのに放置したいたましい事件があった現場を見に行ったときのことです。まさに何十メートルもまっすぐ道路を行った真正面にその家はありました。交通量が多い道路であれば、T字路もまた「いつ車がぶつかってくるのか心配」といった心理的な圧迫を受けたり、あるいは外から家の中が丸見えになるので、カーテンを閉めていないと過ごせないといったストレスを持つ場合もあるでしょう。

私はこれまでさまざまな物件に関わってきましたが、個人的に「ここは住まないほうがいいのでは？」という場所に家が建てられているケースをいくつも見てきました。

もちろんこうしたトラブルは家だけのせいではないでしょう。

しかし、住宅が不幸を呼び寄せてしまっていることは実際問題あるのです。

引っ越しすれば解決するとはわかっていても、さまざまな事情から引っ越せない場合もあるでしょう。であれば、私はその状況の中で最善を尽くすというアドバイスしかできません。

なんらかの体の不調が続く場合や、あるいは「嫌なことばかり続く」場合は、もしかしたら土地や建物に問題があるかもしれません。「もしかしたらこの場所のせいかもしれない」。そういった疑いの心を持つだけでも、あなたの人生を変える糸口になると思います。

そのために建築医学はあると私は考えています。

住宅を選ぶときのポイント

本章では、より良い住宅環境にするための多くのポイントを述べてまいりました。みなさんもこの先、家を新築する、賃貸物件を選ぶ、さらには家具やインテリアを選ぶといった機会があるでしょう。その際にとても重要なポイントがあります。

それは、住宅等を「自分ではなくほかの人に決めてもらう」ことです。具体的には、自分が尊敬する人、良い人生を送っている人、または運の良い人に相談してみるという方法です。

「えっ？　自分が住むところを他人に決めてもらうの？」と驚く方もいらっしゃるかもしれませんが、実はそれが運を上向きにするために確実な方法だと思うのです。

私自身、4回目に新築した家は土地を決めるところから建物の設計に至るまで、私の意見を一切入れずにつくりました。その一番の理由は「自分で決めてしまうと、同じことを繰り返してしまう。同じ過ちを繰り返すことだけはしたくない」という気持ちが強かったからです。

なにしろ、不動産業のプロとして何十年も携わっていながら3回も家づくりに失敗していますから……(笑)。

今度は、必ず良い家にしたい。そう思っていたのです。実際、4回目に建てた住宅は、一般住宅にあるようなバルコニーや廊下はありません。二階部分にお風呂と子ども部屋をつくり、玄関室を設けてリビングに入るようにしました。それもすべて初めての経験だったのです。

お願いしたことといえば、家族が健康になることと、事業が発展すること。その結果、家を新築してから仕事やプライベートが順調に回るようになったのです。

一般の方にとって、住宅購入は、一生に一度の一番高い買物です。

「リビングを広くしたい」「寝室はここにしたい」といった間取りやデザインなどにこだわることはごく自然なことでしょう。

ほかの方にすべてお任せするには勇気がいりますし、信頼できないと難しいとも思います。しかし、その一方で「過去を繰り返す力」はとても強いと感じます。

誰しもが「幸せになりたい」と思って家を選ぶと思います。しかし、自分の選択が実は「真逆の選択をしているかもしれない」と疑うこともまた、大切な選択につながるのではないでしょうか。

ぜひ、みなさんも住宅を選ぶ際には一度立ち止まって、自分が信頼できる人に相談してみることも頭の片隅に入れておいていただけたら幸いです。

――コラム――

室内に角があると物を置きたくなる？

私たちが事務所として使っているマンションの一室は、建築医学を体感できるモデルルームとしてリフォームしてあります。

建物自体は一般的なマンションですので、ご自宅として住んでいる方もたくさんいらっしゃいます。家に建築医学を取り入れたい方の参考になると思いますので、どこをどのようにリフォームしたのか、簡単にご紹介していきましょう。

まず、手を入れたのは玄関です。玄関を入ったところにさらに扉をつけて、「玄関室」

をつくりました。

リフォーム前は、玄関を開けると部屋の中がすべて丸見えの状態でした。

このような玄関は、気持ちの切り替えができなかったり、悪い気がダイレクトに入ってきたりといった、これまでお伝えしてきたことが生じやすくなります。また、古い団地にあるようなスチールの玄関ドアでしたので、冬は寒さもありました。


さらに言うとこれが自宅の場合、例えば、宅配の方が荷物を届けにくると、「子どもが住んでいるな」「女性だけで住んでいるんだ」と住んでいる人の状況が、手に取るようにわかってしまいます。つまり、犯罪につながる可能性が高まるというリスクもあるのです。

玄関室をつくったことで、それらの問題を改善できました。


もうひとつクリアになったのは、「音」の問題です。

リフォーム前の事務所は、近隣の居室に住む方が家でくしゃみをする声など、周囲の音が割と聞こえていました。おそらく事務所の話し声も周りのお宅に多少聞こえていたのではないかと思いますが、今ではまったく気になりません。

これには、前述した内窓の効果もあると思います。既存の窓に取り付ける内窓です。こちらも遮音効果が高く、周りの音をかなり抑えてくれますし、自分たちから出る音が外へ漏れるのも防いでくれます。プライバシーをしっかり守れることに加えて、冬にあたたかく過ごせるようになり、値段の何倍も効果があったと実感しています。

玄関のほかにキッチンにも仕切りをつけました。

事務所はファミリータイプのマンションなのでキッチンがあるのですが、ビジネスの空間には違和感をもたらします。仕事関係の方がいらしたときは、仕切りを閉めてしまえば完全に生活感をなくせますし、自分では気づかないような臭いもシャットアウトできます。

いくら掃除してきれいにしていても、仕事とはかけ離れたキッチンなどが見えると、人はどうしても目がいってしまうものです。仕切りで完全に視界を遮断してお客様の目に入れないことは、とても意味があると感じています。

前に「角」の話をいたしましたが、事務所のマンションももともと角の多い部屋でした。

角の影響は、人の緊張感や攻撃性を高めてしまうだけではありません。

人は、角を見ると「つい物を置きたくなってしまう」のです。部屋の隅っこに、新聞や雑誌を重ねてしまったり、段ボールを置きっぱなしにしてしまったり……そんな経験はどなたにでもあるのではないでしょうか。すると当然、部屋は雑然として良い気は回らなくなります。

この「置きっぱなし」を防ぐため、事務所にある角は、あえてほぼすべて丸みをつけました。物理的に隅っこをなくすことで、「つい置いてしまう」ことはできなくなります。一時的に置いたとしても、角よりも収まりが悪く違和感があるので、長い時間置くことはありません。


インテリアも以前は角ばった家具が多かったのですが、今は角のない丸いものを置いています。例えば、Rの形のように丸みを帯びたテーブルは、「こんな形はじめて見たわ」と驚かれるお客様も多くいらっしゃいます。

角をなくしたり、丸い家具を置いたりといったことは、一見無駄に思えるかもしれませんが、本当に家の印象が変わりますので、ぜひ試してみていただきたいです。

壁紙や壁紙の色も、見直したことのひとつです。

もともと貼られていた真っ白の壁紙を剥がし、全体をやさしいイエローを基調とし、鮮やかなブルーグリーンをアクセントとした壁紙に貼り替えました。

リフォーム前の部屋とは、雰囲気ががらりと変わりました。初めていらっしゃる方には、「すごく明るい！」「あたたかい雰囲気がありますね」といった感想をよくいただきます。

とはいえ扉や壁のリフォームは費用もかかりますし、そう簡単にはできないことです。

そこでご自宅ですぐできるプチ改善として、「香り」や「観葉植物」をおすすめします。

まず、香りです。鼻から入る情報は、脳の大脳辺縁系へダイレクトに届きます。

くさい臭い、嫌な臭いを避けて、毎日できるだけ良い香りにつつまれたいものです。

例えば、玄関にバラなど香りの良い生花を飾ったり、好きな香りのルームフレグランスを置いたりするとよいでしょう。香りが苦手な方は、竹炭など消臭効果のある天然素材を活用してもいいと思います。

「寝室には、深い眠りを誘うラベンダーの香り」「書斎には、集中力を高める柑橘系の香り」

といった、部屋の目的に合わせた香りをチョイスするのもおすすめです。

次に、観葉植物の緑色は、気持ちを落ち着かせて心身を癒やす効果があります。また直線的でないことも魅力です。葉の丸みやさまざまな形は、脳によい刺激を与えてくれるでしょう。

部屋に自然のものの、生命力を感じられるものがあると、人も元気になります。ただし、枯れてしまったものをそのままにしておくのは、逆に悪い気が出るので注意してください。比較的簡単に育てられるものが多いですが、適度な水やりやたまに日に当ててあげることなど、お世話は忘れないようにしましょう。

「うちは誰も体調を崩していないし、リフォームしなくても大丈夫」という方も、いらっしゃることでしょう。

しかし、繰り返しお伝えしているように、毎日、その家に暮らしていると慣れてしまい、光や色、形といったことの違和感になかなか気づくことはできません。何かを変えてみて初めて、「あ、これが原因だったのか……」と気づく方も少なくないのです。

おわりに

ここまで読んでくださったみなさまに、まず感謝申し上げます。

冒頭の事故物件の事例は衝撃的な部分もあったかと思いますが、まぎれもない事実なのです。「建築がこれほどまでに影響を与えるのだ」ということが少しでも伝わったなら幸いです。


本章でも触れましたが、私はこれまで自宅を4回建てています。

最後に建てた家は建築医学に基づいたもので、あえて自分の意見を一切入れずにつくっていただきました。

その理由も、「自分が設計に口出しをしたら、また同じような間取りを選んでしまう」さらには「同じ失敗を繰り返す確率が高い」と考えたからです。結果的に、現在の家はこれまでのどの家よりも住みやすく、安定した人生を送れています。

人間は誰でも、意識しなければ過去を繰り返してしまうものです。

例えば、子どもの頃家庭で不幸や悲しさを抱えて育ってきた方が、将来家を建てようとしたとき、生まれ育った家と同じような家を建てて、不幸を繰り返してしまう。そういった確率も低くはないでしょう。

そのようなケースを増やさないためにも、私は建築医学をもっとたくさんの方に知っていただき、過去のレールに気づくきっかけになればと願っています。


また家を建てるときは、過去だけでなく現在のご自身の状況も軽視できません。

例えば、気分が明るいときは明るい色の服が着たくなったり、沈んでいるときは暗い色の服が着たくなったりしますよね。人は現状によって、選ぶものが違ってくるのです。

落ち込んだ状態、切羽詰まった状態で、ゆったりとくつろげるリゾート的な家を考えるのはおそらく難しいでしょう。そんなときは、決断するのを気分が上向いたときに改めるか、人に選んでもらうのも一案です。

実際、お客様があまり良い状態でないときに、住宅購入などは私もおすすめしません。

そういった「気運」のようなものも大事にしています。

「マイホームは自分で全部決めなくちゃ！」と思ってしまいがちですが、必ずしもそれが正解とは限りません。私のように、人におまかせしたことで最高の家がつくれる場合もあります。

「建築はこうでなければならない」
「便利な暮らしのほうがいい」

ぜひ、このような考えを持たずに柔軟に、かつ「自分や大切な人がどうなってほしいか」という未来の希望を描いたうえで住宅を選んでいただきたいと思います。

その軸さえ明確になれば、例えば住宅メーカーの話すセールストークに左右されることもなく「本当に欲しい家」が見つかると思います。

本書をきっかけにご自身の運命を変える1軒に巡り合えることを祈念して筆をおきたいと思います。

昆《こん》 佑賢《ゆうけん》

神奈川県生まれ。事故物件・訳あり物件専門不動産会社、アウトレット不動産株式会社代表。一般社団法人日本建築医学協会幹事長。

住まい環境と病の関係に興味を持ち、2008年4月日本建築医学協会春の大会に参加。その後、建築医学の知識を深める。

2011年2月アウトレット不動産株式会社を設立。2013年8月日本建築医学協会理事に就任。

「病は家から」という建築医学の考えに基づき、病や不幸を呼んだ事故物件・訳あり物件や建築基準法により再建築できない物件を価値ある不動産物件に再生することや、多くの人が幸せになる家づくりの秘訣などを伝えていくことをミッションとしている。

アウトレット不動産 HP　https://www.outlet-estate.biz/

協力／　一般社団法人日本建築医学協会
編集協力／長谷川華（はなぱんち）
執筆協力／掛端玲

アルソス新書201

幸《しあわ》せになる家《いえ》　不幸《ふこう》になる家《いえ》

2023年7月25日　第1刷発行

著　者　昆《こん》 佑賢《ゆうけん》
発行者　林　定昭
発行所　アルソス株式会社
〒203-0013　東京都東久留米市新川町2丁目8-16
Tel: 042-420-5812（代表）
https://alsos.co.jp
印刷所　株式会社 光邦

デザイン　森　裕昌（森デザイン室）

ISBN 978-4-910512-13-6　C0295